▶ 動画つき

コツがわかると上手に編める

かんたん 紙バンド

一般社団法人 日本紙バンドクラフト協会 村上秀美

Contents

作り方が簡単な順番で掲載しています。初心者の方は最初の作品から順番に作ることをおすすめします。

初心者さんにおすすめのかごとバッグ

この本に関するご質問はお電話またはwebで
書名／コツがわかると上手に編める かんたん紙バンド
本のコード／NV70773　担当／中塚
TEl.03-3383-0635（平日13：00～17：00受付）
WEbサイト「日本ヴォーグ社の本」https://www.tezukuritown.com/nv
※サイト内「お問い合わせ」からお入り下さい。（終日受付）

編み地を楽しむかごとバッグ

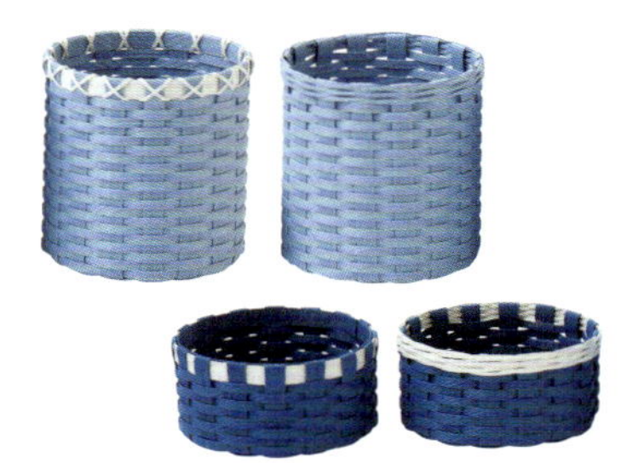

ポイント動画はこちら

レッスンに出てくる編み方のポイント動画を左の二次元バーコードから見られます。
誌面のレッスンと合わせてご覧下さい。
動画の主な内容／輪編み、追いかけ編み、３本なわ編み、ねじり編み、あじろ編み、飾り編み、縁飾り、底、持ち手

アドレス **https://bit.ly/3PPK7fw**

基礎テクニック

紙バンドとは

細いこよりを1本の平たいテープ状に加工して作られたもので、
手芸店やインターネットで購入可能。
メーカーにより太さに若干の違いがあるため、
この本で使用した紙バンドと同幅で
しっかりとした紙バンドを選ぶことをおすすめします。

本で使用している紙バンド（実物大）

12本幅で幅14.5〜15mm。本書で多くの作品に使用した、初心者も安心して編める植田産業㈱パピエスの紙バンドです。

あじろ編みの作品で使用した植田産業㈱パピエスの「かすり染」。8本幅で幅は約9mm。

p40・41の作品で使用した優しい色みの蛙屋㈱の紙バンド。12本幅で13〜14mm。

紙バンドは巻き癖があるのでしごいてから使います。ペンなどでカーブしている方向と逆に向かって伸ばします。

●道具で割く方法

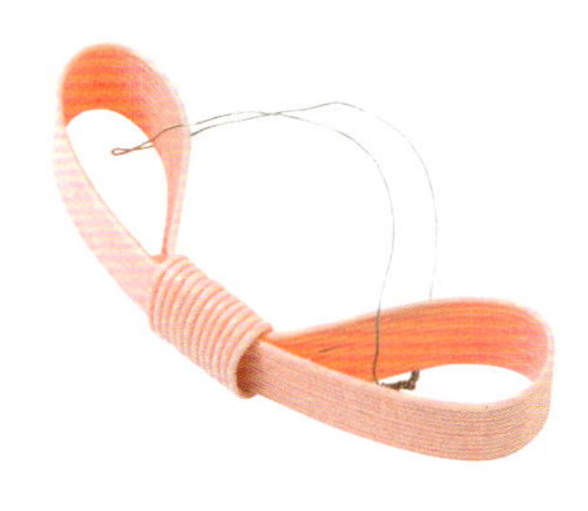

紙バンドと細い針金で、紙バンドを割くための便利な道具を作れます。

紙バンドの扱い方

●カットをする

用意する幅と本数・裁ち方図を参照し、メジャーで長さを測り、紙バンドに印をつけてカットします。底で横に置く短いひも（B・p12〜を参照）は、長さを正確に測りましょう。他はだいたい同じ長さと考え、印をつけずにメジャーを当てて直接切ってもOK。

●PPバンドで割く方法

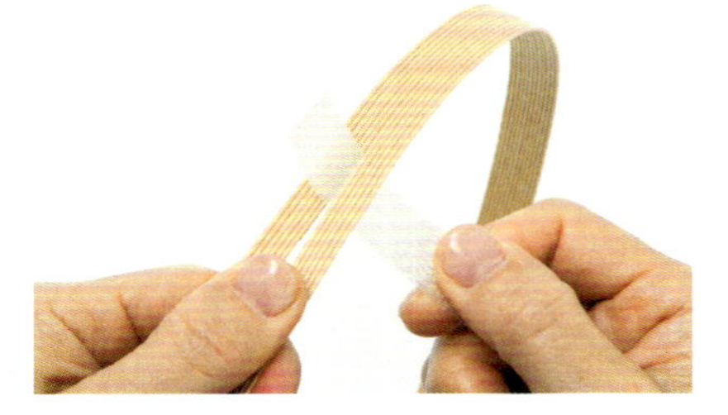

12本幅より細いひもを使う時は紙バンドを割きます。はさみで約2cm切り込みを入れ、 PPバンドを垂直に入れてひもを手前に引っ張って割きます。

❶

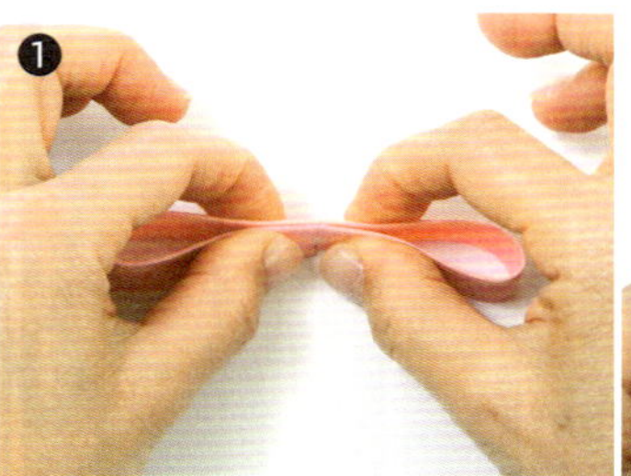

❸

❷

❶12本幅の紙バンドを20cmにカットし、両端を折って中央で突き合わせ、中心をボンドで貼ります。 ❷紙バンドを5cmにカットし、中央を巻いて貼り、リボンの形にします。細い針金20cmを両脇に通し、両端を合わせて2、3cmねじって輪に隠します。 ❸針金を2本合わせて紙バンドの切り込みに通して割きます。

●ボンドを塗る

速乾性のボンドを適量つけます。ボンドできちんと貼ることがしっかりとしたかごを作るために重要です。

紙バンドの端でボンドを均等に平らにのばしてから貼り、文鎮や洗濯ばさみでしっかりと押さえます。

●保管する

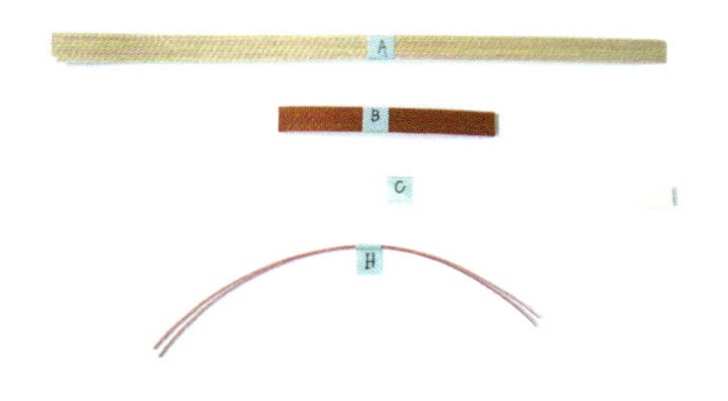

カットしたら同じアルファベットの記号ごとにマスキングテープで束ねるとばらばらになりません。

使用する道具

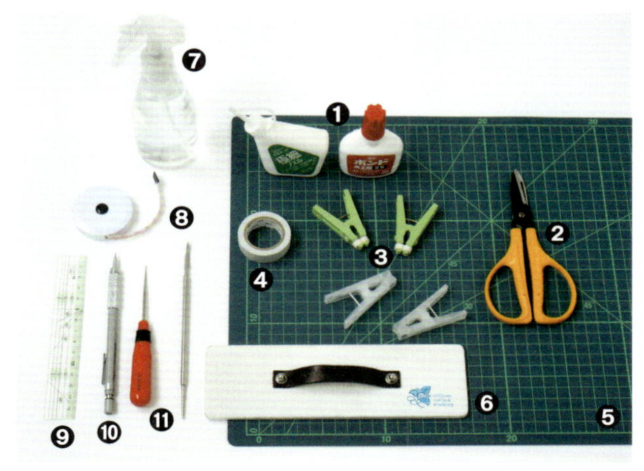

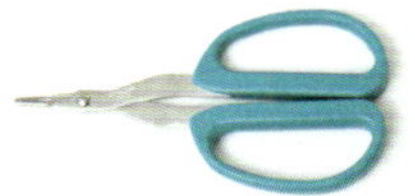

飾り編みの時、ひもを通して引っ張るためにペンチがあると便利。

❶**ボンド**…乾くと透明になる速乾性がおすすめ。先太と先細の2タイプを使い分けると便利。
❷**はさみ**…紙バンドをカットできるしっかりとしたもの。
❸**洗濯ばさみ**…貼り合わせた部分を乾くまで固定したり、編んだひもを押さえるのに使用。10個程度用意します。
❹**マスキングテープ**…紙バンドを束ねたり、編む際の目印をつけるのに使用。
❺**方眼マット**…底を作る時に方眼の縦横に紙バンドを合わせると、きれいな形になります。
❻**文鎮**…底を作る時に使うと紙バンドをしっかりと貼れます。
❼**霧吹き**…間違えて折ってしまった時に吹きかけて伸ばすと、折り目が目立たなくなります。
❽**メジャー**…紙バンドの長さを測るのに使用。
❾**定規**…側面を立ち上げる時に使用。
❿**シャーペンまたは鉛筆**…印つけに使用。
⓫**スパチュラまたは目打ち**…紙バンドを通す時に編み地のすき間をあけるのに使用。

裁ち方図の見方

(例)
A 12本幅　20cmを4本
B 6本幅　18cmを5本
⋮

〈白〉　紙バンドの色
パーツの種類
6本幅　18cmを5本
横線は割く場所
紙バンドの幅の目盛り(12本幅の場合、12等分)
A 12本幅 20cmを4本 | A | A | A | B | B | B
使用しない部分はパーツ名がなく、色も変えています。
縦線ははさみでカットする場所

・各作品に紙バンドの裁ち方図を掲載しています。同じアルファベットは基本的に同じ幅・長さで、同じ役割です。
・裁ち方図は図案化しているため、実際の幅と長さの比率とは異なります。プロセスでは分かりやすいように作品と異なる色の紙バンドを使用しています。
・紙バンドのメーカーにより太さが違うため、本誌と違うメーカーの紙バンドを使う場合や、編む人の手加減により、用尺が変わる場合があります。また、でき上がりサイズは目安です。使用する紙バンドと編む人の手加減で変わります。
・全部一気にカットしてもいいですが、特に輪編みで作る場合などは底を編んだ後にサイズを確かめてから側面の編みひもをカットすると無駄がありません。
・レッスンでは分かりやすいように実際の作品と違う色の紙バンドを使用し、紙バンドは「ひも」という言葉で解説しています。また、レッスンに登場する point は、よりきれいに作るためのコツを示しています。
・p12～の説明の中で、A(底で横に置き、側面に続くひも)は、底を作る時は横方向に並べますが、側面を立ち上げた後は「縦ひも」と表記します。また側面の編みひもは「横ひも」と表記します。
・重複している説明は、初めて出てきた作品にさかのぼって説明しています。初心者の方は最初の作品から順に作るとスムーズです。

初心者さんにおすすめのかごとバッグ

かんたん・きれいに作れて、紙バンドが楽しくなる作品をご紹介します。

No.1

No.2

No.1・2 かんたんバスケット

12本幅の紙バンドをそのまま使って作る持ち手つきのバスケット。
シンプルな編み方で作るので初心者でもOK。
好みでリボンをつけるとかわいいです。

作り方12ページ
サイズ／底13×10cm、深さ7cm

No.3・4 角型の収納ボックス

こまごましたものの整理に便利な、
持ち手つきの収納ボックス。
輪編みなので初心者でもきれいな形に作りやすく、
色違いで楽しめます。

作り方17ページ
サイズ／底24×13cm、深さ11.5cm

ボタンも紙バンドで作ります。

持ち手に飾りひもを入れて模様を出しました。

No.5 バスケットバッグ

お出掛けにちょうどいいサイズ感の
ツートーンのバスケットバッグ。
輪編みと追いかけ編みを組み合わせていて、
バッグ作りが初めての方にもおすすめ。

作り方22ページ

サイズ／底25×10cm、深さ21cm

No.6 ななめ模様のバスケットバッグ

輪編みで作った本体に飾り編みをして、
ななめ模様を出したバッグ。
切り替え部分に3本なわ編みを入れてポイントにしました。
かんたんな飾り編みでおしゃれな表情になります。

作り方28ページ
サイズ／底30×10cm、深さ22cm

No.7 収納かご

棚などから出し入れしやすい、動く持ち手がついた大きな収納かご。
本体は輪編みだけなので作りやすく、
2種類の太さの編みひもを使うことで、編み地に変化をつけました。

作り方33ページ

サイズ／底36×25cm、深さ22cm

No.8 持ち手を倒せるバスケット

素朴でかわいらしい印象のバスケット。
丸カンつきで、出し入れする時に持ち手を倒せるので便利です。
側面の飾り編みもアクセントになっています。

作り方36ページ
サイズ／底32×23cm、深さ21cm

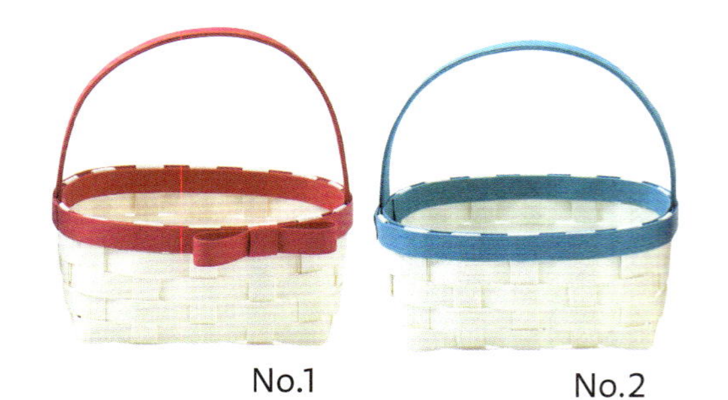

No.1·2 かんたんバスケット 作品写真／6ページ

・サイズ／底13×10cm、深さ7cm（持ち手含まず）
・材料（1点分）／12本幅紙バンド　白514cm、
P-3（濃ピンク）またはP-9（青緑）　289cm
（植田産業㈱パピエス）

用意する幅と本数（一個分。指定以外は白を使用）

A　12本幅　37cmを2本　底で横に置き、側面に続くひも
A'　12本幅　84cmを1本　（P-3 またはP-9）
底で横に置き、持ち手になるひも
B　12本幅　13cmを4本　底で横に置く短いひも
C　12本幅　34cmを5本　底で縦に置き、側面に続くひも
D　12本幅　11cmを2本　底を作る時にA・Bを並べて貼るひも
E　12本幅　49cmを4本　側面の編みひも
F　12本幅　50cmを3本（P-3 またはP-9）　縁を始末するひも
G　12本幅　30cmを1本（P-3またはP-9）　持ち手を補強するひも
H　12本幅　17cmを1本（P-3　No.1のみ）　リボンのひも
I　12本幅　8cmを1本（P-3　No.1のみ）　リボンの中心・本体に差し込むひも

裁ち方

〈白〉

A 12本幅 37cmを2本	A	B	B	B	B	C 12本幅 34cmを5本	C	C	C	C	D	D

12本幅 13cmを4本（B）　12本幅 11cmを2本（D）
318cm

E 12本幅 49cmを4本	E	E	E

196cm

〈P-3（濃ピンク）または P-9（青緑）〉

A' 12本幅 84cmを1本	F 12本幅 50cmを3本	F	F	G 12本幅 30cmを1本

264cm

〈P-3 リボン〉

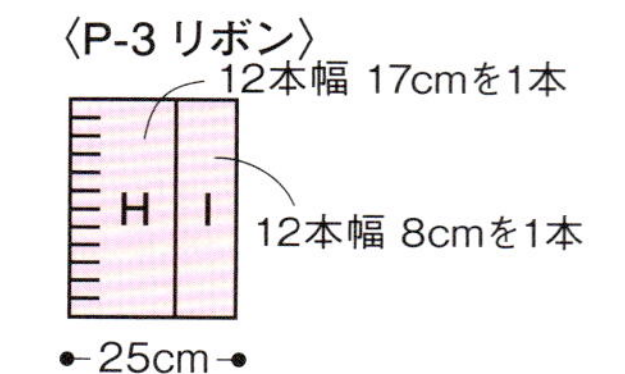

底を作る

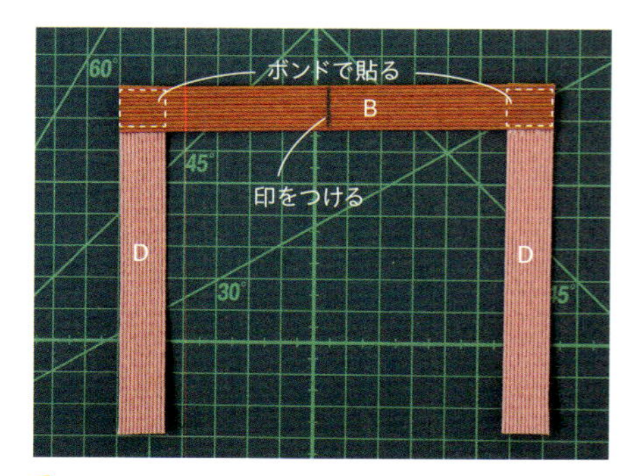

1. D2本を縦に置きます。B1本の中央に印をつけ、DとBの端を合わせてボンドで貼ります。マットの方眼と紙バンドの縦横を合わせ、直角に貼ります。

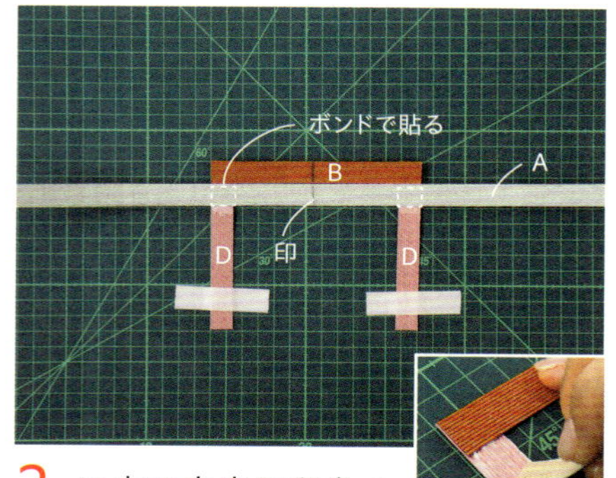

2. A1本の中央に印をつけ、Bの印の真下に合わせてDに貼ります。紙バンドでボンドを均一に伸ばすとしっかり貼れます。

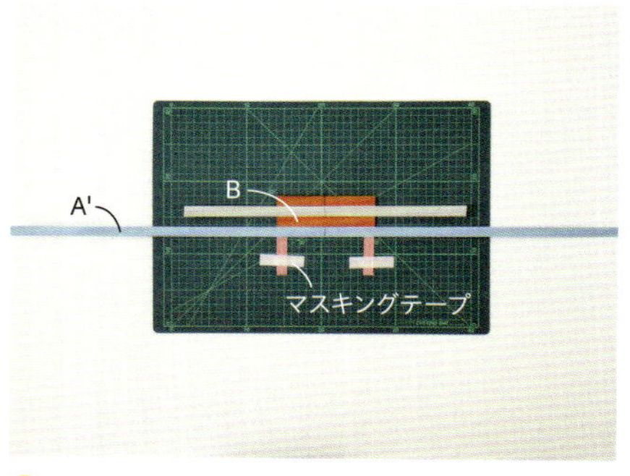

3. 続けてBを貼り、A'の中央に印をつけ、印が中央に合うように貼ります。直角がずれないようにDをマスキングテープで止め、文鎮で押さえて貼ります。

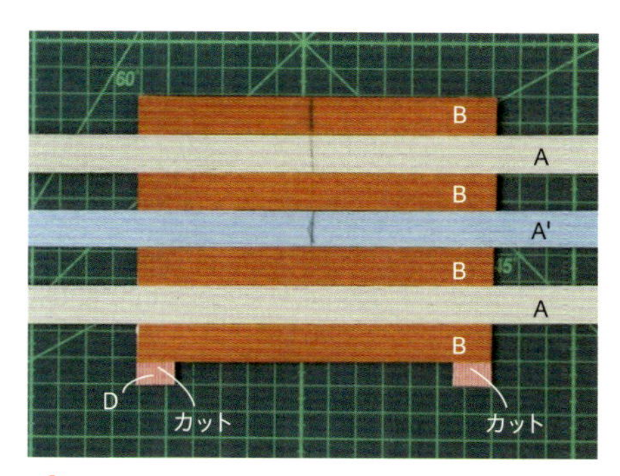

4.続けてB、A、Bの順にすき間なく並べて貼り、Aの端は1本目のAとそろえます。Dの飛び出た部分を一番下のBのひもの際で切ります。

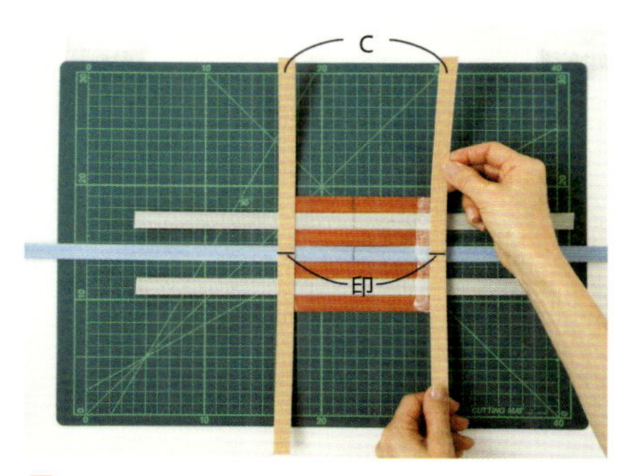

5.C2本の中央に印をつけます。Cの印をA'のひもの中心に合わせて、Dの端とそろえて縦にしっかりと貼ります。

6.C2本を重ね、まとめてBの下、Aの上、Bの下、A'の上…の順に、横に貼ったひもの上と下を交互に通します。

7.通したC2本を左右にずらして分け、方眼の線を目安に平行に置きます。

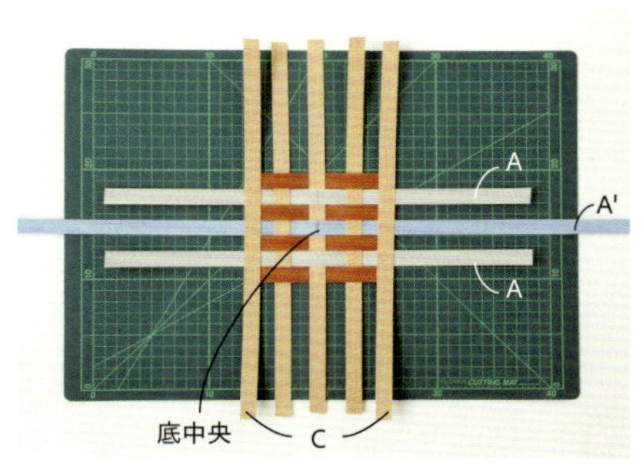

8.残っているCを、B の上、Aの下…と交互に通します。Cのひもの間を均等にそろえます。

9.真ん中に通したCをめくり、Bの上にボンドで貼ります。真ん中のCのみ貼り、裏返します。

側面を作る

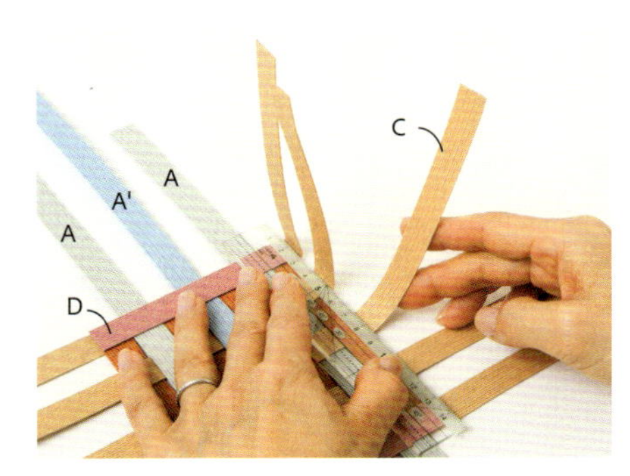

10.Dが見える状態で置き、底の4辺の端に定規を当ててガイドにしながらA・A'とCを内側にしっかりと折り、側面を垂直に立ち上げます。

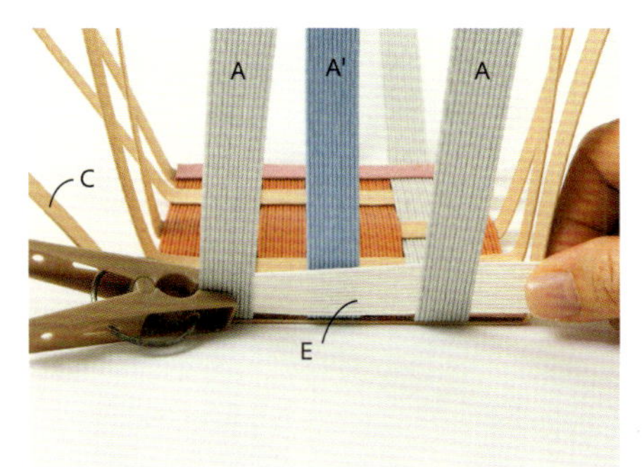

11.短い辺の一番左のAの内側に、Eを洗濯バサミで止めます。この時、Eが底（D）に沿うように止めます。

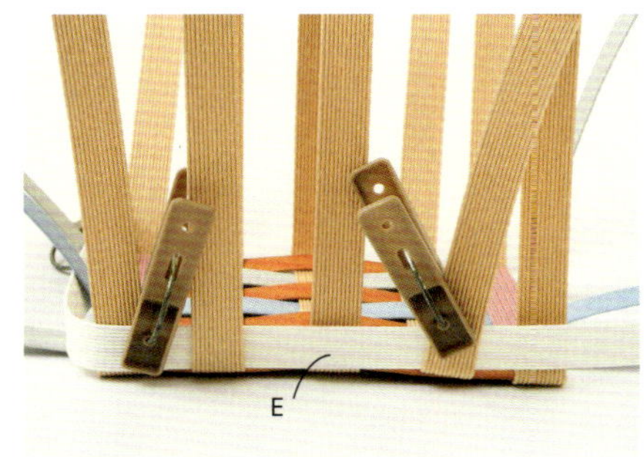

12.Eを底に沿わせて、側面の縦ひもの外側と内側を交互に通します。縦ひもに洗濯ばさみでこまめに止め、角は自然に沿わせます。

point

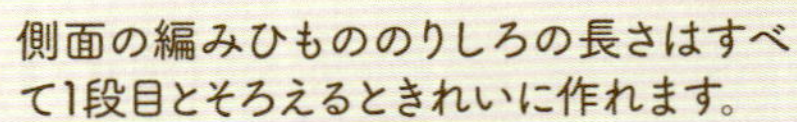
側面の編みひものりしろの長さはすべて1段目とそろえるときれいに作れます。

13.1周通したら、Aの内側でEの端同士をのりしろ1〜1.5cmで貼ります。つなぎ目は縦ひも（A）の内側に隠れるので外側から見えません。

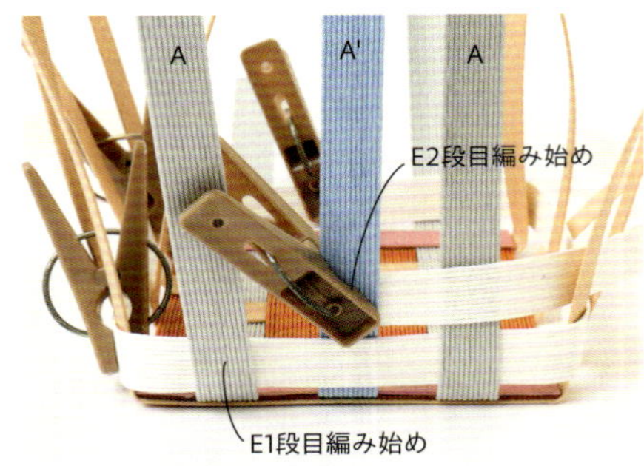

14.Eで2段目を編みます。1段目で編み始めたひもの右隣（A'）の内側にEを洗濯ばさみで止めます。

15.1段目に端を沿わせて交互に通し、1段目と同じくらいののりしろでA'の内側で貼ります。

17.側面のひもを親指と人差し指で押さえ、編みひもの間を詰めます。底とE1段目の間は少し隙間があって正解。強く詰めすぎないようにします。

16.3・4段目も同様に交互に通します。編み始めは、3段目は外側から見て右端のA、4段目はA'にします。編み始めをずらすことで厚みを分散させます。

持ち手を作る

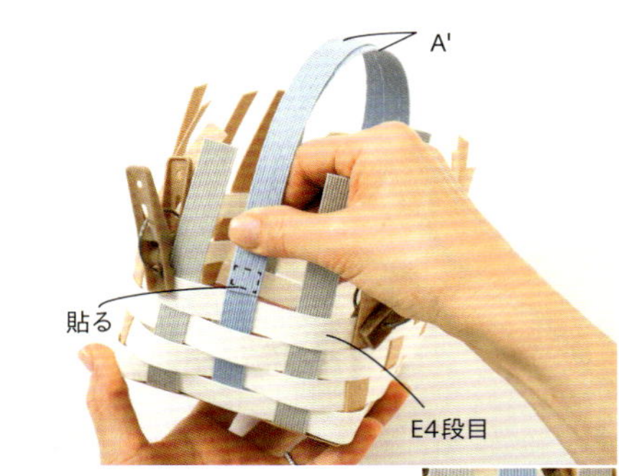

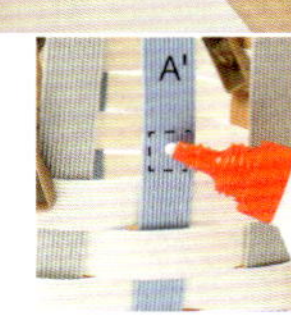

18.A'の片方の端を反対側のA'の外側・E4段目の上にボンドで貼ります。

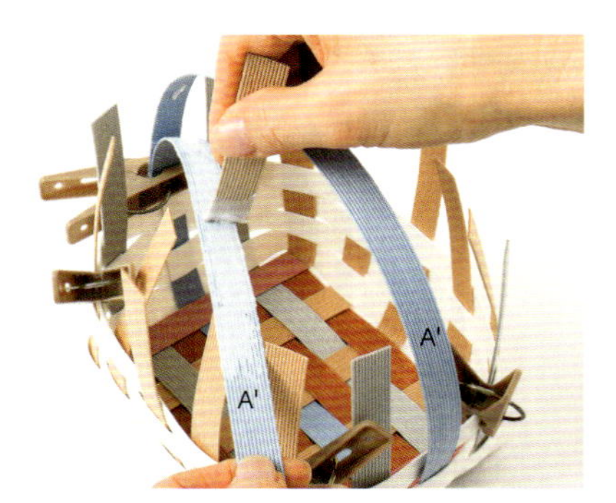

19.A'の下のひもの上面にボンドをつけて紙バンドで均等に伸ばします。

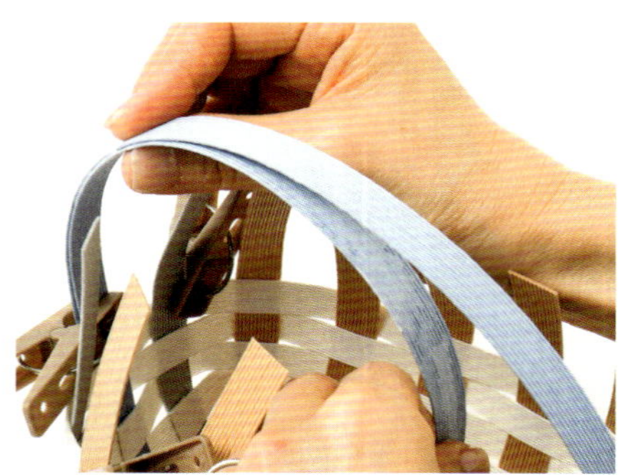

20.A'2本の間にすき間ができないよう、端から少しずつ貼り合わせます。洗濯ばさみで数か所とめるとしっかり貼れます。

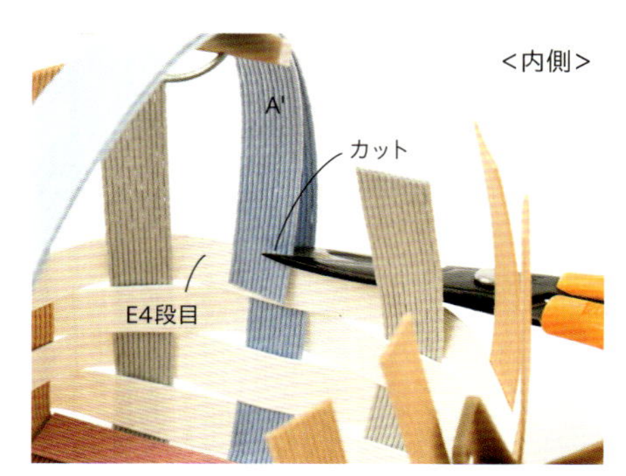

21.貼り終わりはE4段目の上端の位置で、A'の下のひもの余分をカットします。

縁の始末をする

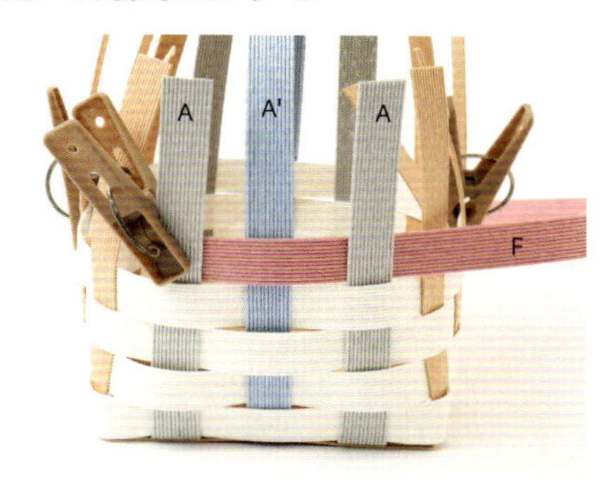

22.E1段目と同じ、左端のAの内側にFを洗濯ばさみで止め、側面の縦ひもの外側と内側に交互に通して1周編みます。

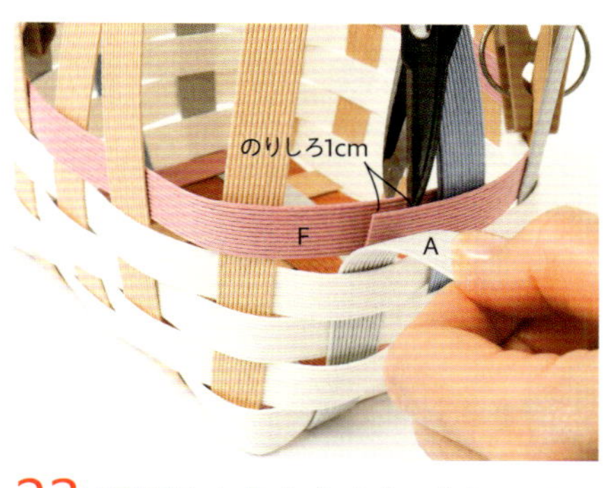

23.1周通したら余分をカットして、Fの端同士をのりしろ1～1.5cmで貼り合わせます。

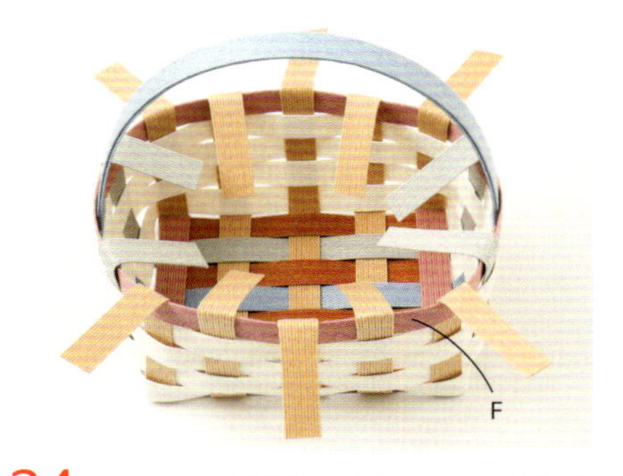

24.p14の17と同様に編みひもを詰めて整えてから、側面の縦ひもを内側と外側に交互に折ります。縦ひもが折れる方向（Fをくるむ方向）へ折ります。

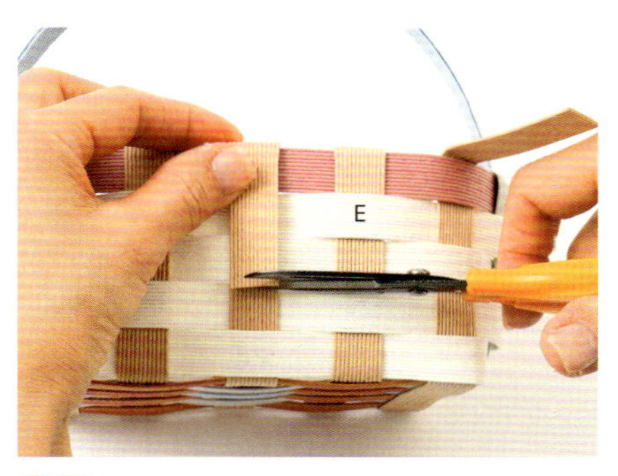

25.折った縦ひもを側面に沿わせて、ひもの端が横ひも（E）に隠れるかを確かめます。ひもの端が見えそうな場合にはカットします。

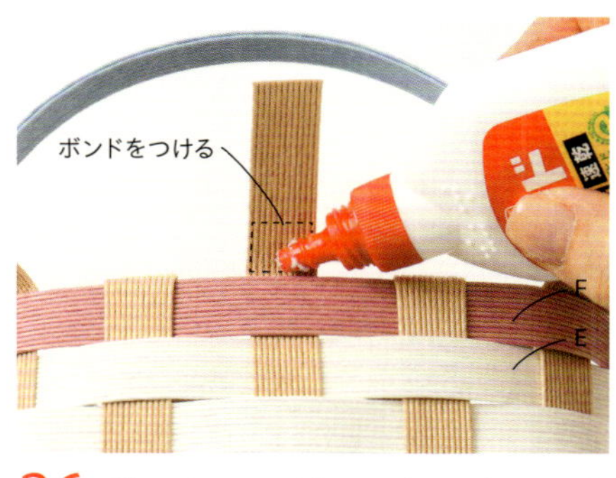

26.縦ひものつけ根にボンドをつけます。

27.横ひも（E）に差し込みます。縦ひもの端は横ひもにきれいに隠れます。

28.外側と同様に、内側もつけ根にボンドをつけて横ひも（E）に通します。縦ひもをすべて差し込んで処理しました。

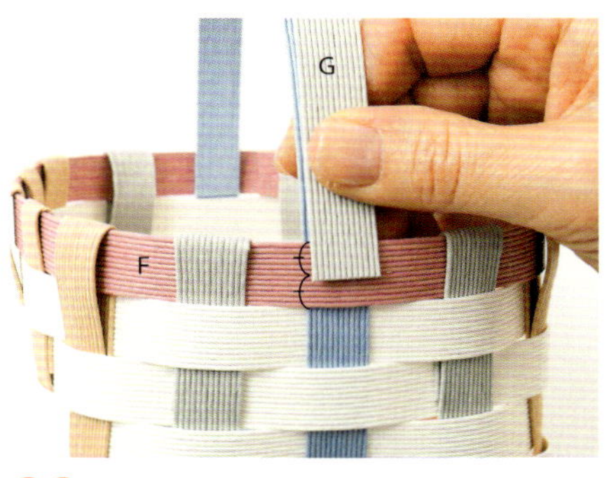

29.Gの端を、Fの中心に合わせて貼ります。

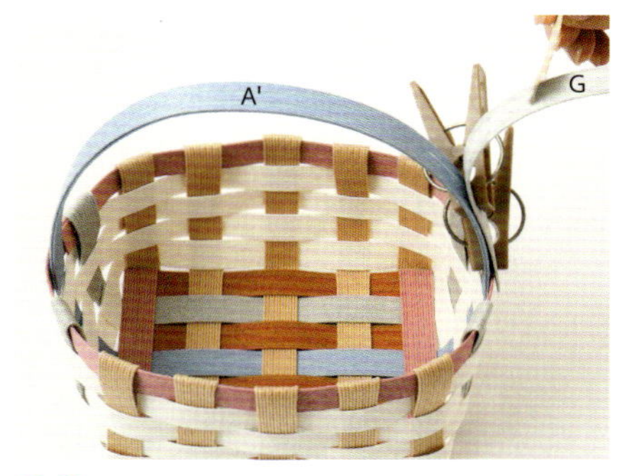

30.Gにボンドをつけて紙バンドでのばし、A'に貼ります。すき間ができないように、端から少しずつ貼り合わせます。

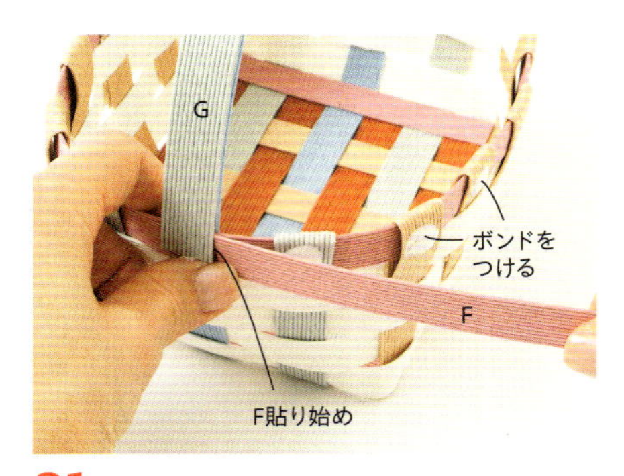

31.Gの反対側はp15の29と同様にFの中心で余分を切って貼ります。側面外側の縦ひもの上部にボンドをつけ、Gの際に2本目のFの端を合わせて貼ります。

32.既に編んであるFに高さをそろえて2本目のFを貼ります。Gにもボンドをつけ、一周して端同士を貼り合わせます。

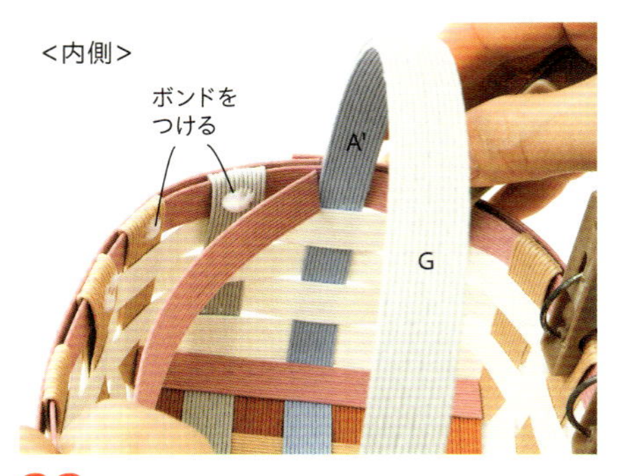

33.内側はのりしろがある辺のA'の際から貼り始め、側面内側の縦ひもの上部とA'にボンドをつけながら3本目のFを内側に一周貼ります。

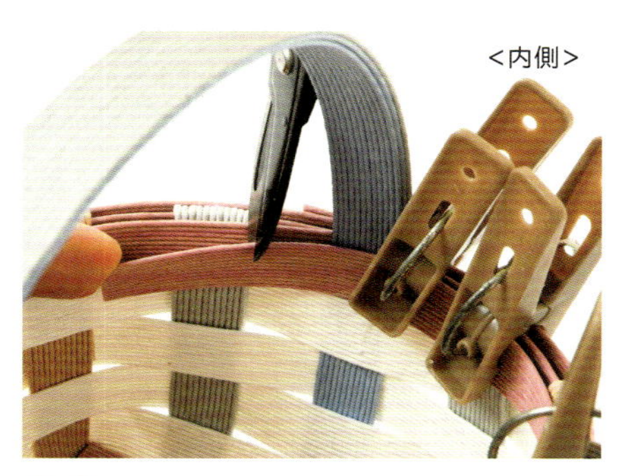

34.内側に貼るFは少し余るので、のりしろを1〜1.5cmにカットしてから貼り合わせます。

35.No.2ができました。

リボンを作る (No.1)

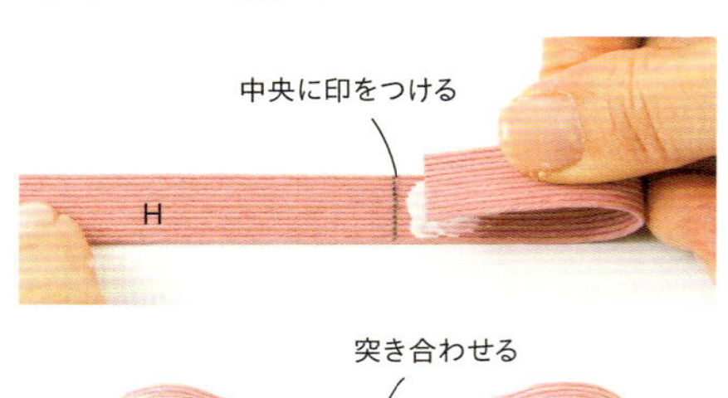

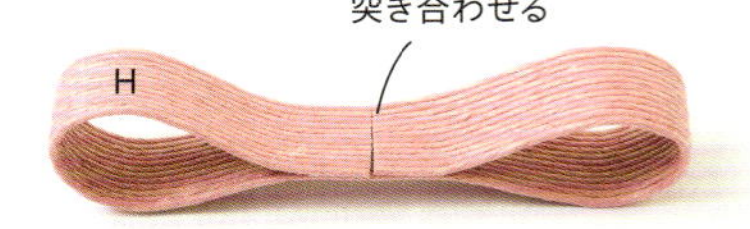

36.Hの中央に印をつけ、端を印に合わせて貼ります。両端を中央で突き合わせた状態になります。

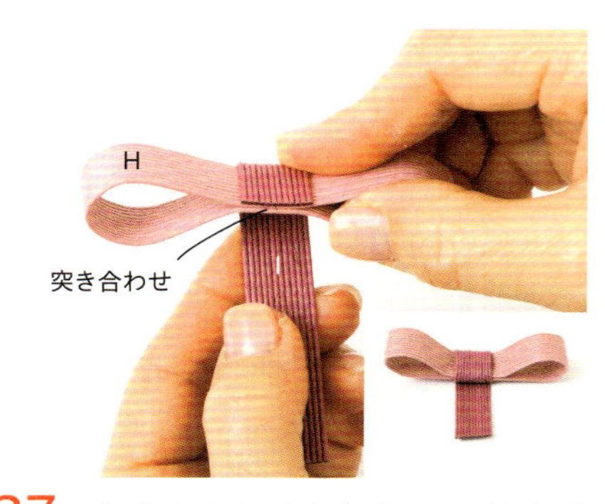

37.Hを突き合わせた部分にIの端を貼り、洗濯ばさみでしっかりと貼り合わせます。Iを折りながらHに巻き、端を残してボンドで貼ります。

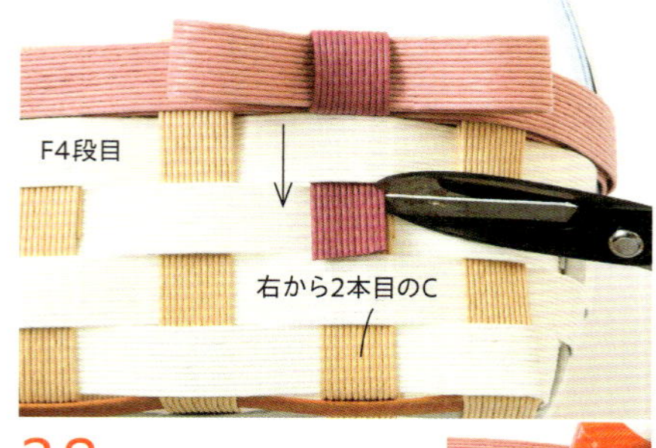

38.E4段目・右から2本目のCに差し込んで余分をカットし、ボンドをつけて差し込みます。

39.No.1の完成です。

No.3

No.4

No.3・4 角型の収納ボックス 作品写真／7ページ

・サイズ／底24×13cm、深さ11.5cm
・材料／12本幅紙バンド　コスモスまたはくるみ1,436cm、
　白木234cm（植田産業㈱パピエス）

用意する幅と本数

（一個分。指定以外はコスモスまたはくるみを使用）

A　12本幅　55cmを5本　底で横に置き、側面に続くひも
B　12本幅　24cmを4本　底で横に置く短いひも
C　12本幅　45cmを9本　底で縦に置き、側面に続くひも
D　12本幅　13cmを2本　底を作る時にA・Bを並べて貼るひも
E　12本幅　78cmを3本（白木）　側面の編みひも
F　6本幅　78cmを8本　側面の編みひも
G　12本幅　78cmを2本　縁を始末するひも
H　2本幅　78cmを1本　縁の厚みを補正するひも
I　8本幅　10cmを2本　持ち手を補強するひも
J　2本幅　150cmを2本　持ち手を巻くひも
K　12本幅　4cmを4本　持ち手の両側を始末するひも

裁ち方

〈コスモスまたはくるみ〉

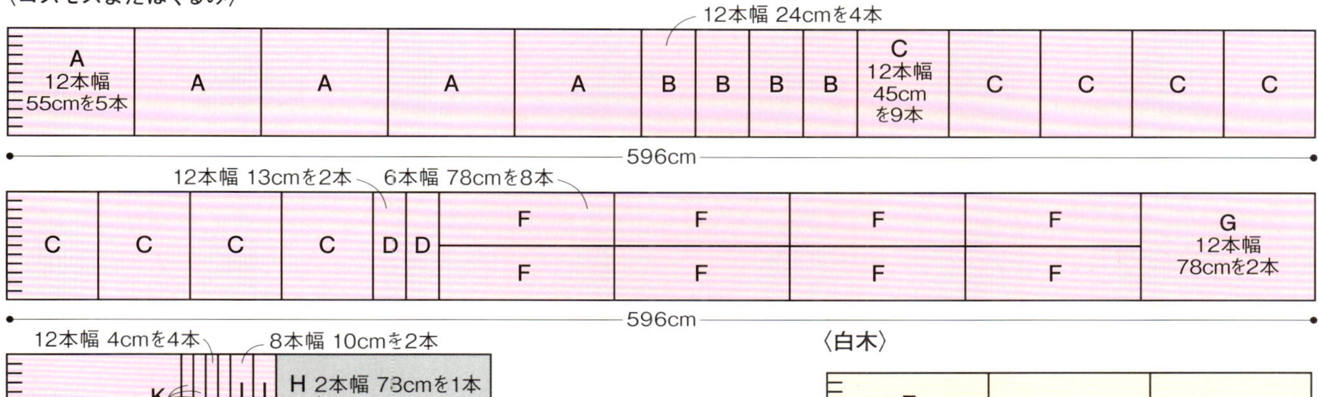

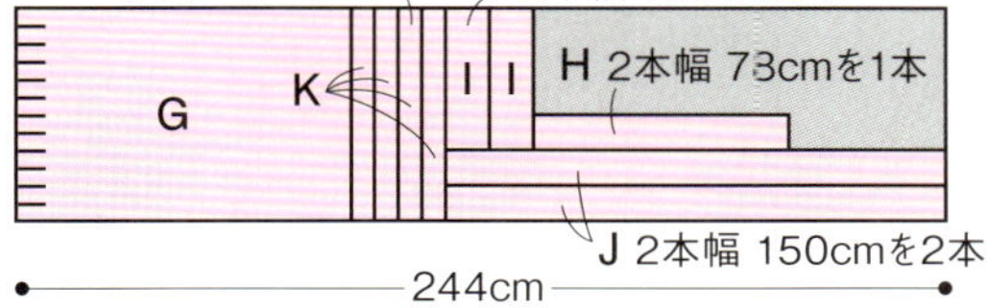

〈白木〉

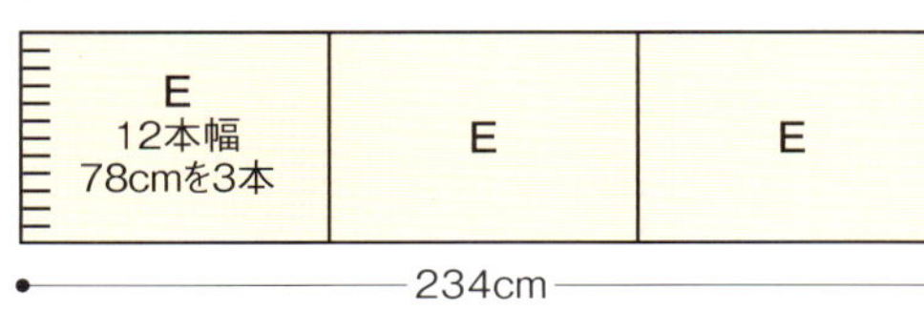

底を作る

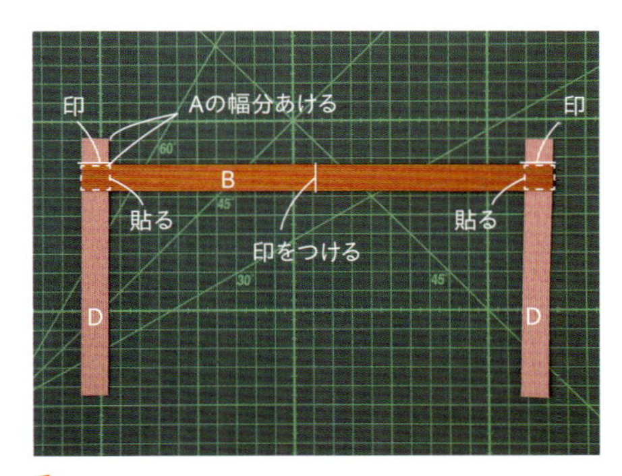

1. D2本の上端にAの幅（12本幅分）で印をつけます。中央に印をつけたBを印の下に貼ります。

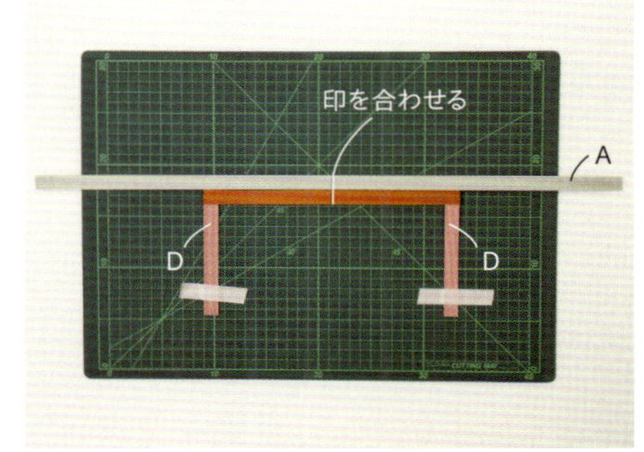

2. 中央に印をつけたAを、Bの真上に印を合わせて貼ります。Dのひもが動かないようにマスキングテープで止めます。

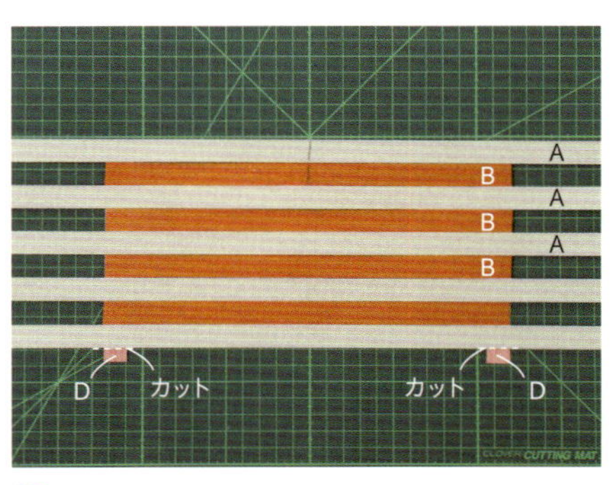

3. DにBとAを交互に貼ります。Aを貼る時は先に貼ったAに端をそろえ、文鎮で押さえながらすき間なく並べて貼り、Dの余分はカットします。

No.3・4 角型の収納ボックス

側面を作る（輪編みをする）

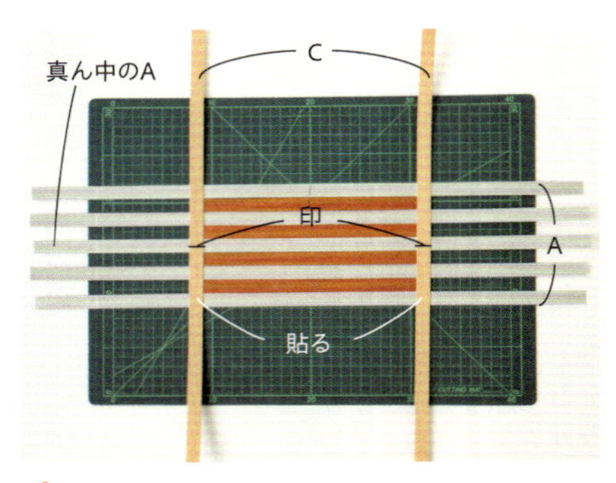

4.C2本の中央に印をつけます。Cの中央の印を真ん中のAのひもの中心に合わせて、Dの端とそろえて両端に縦に貼ります。

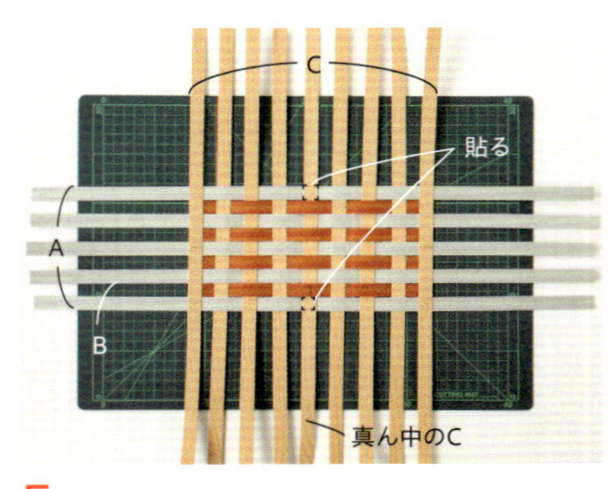

5.p13の6〜9と同様にC2本をまとめてAの下、Bの上と横に貼ったひもに交互に通して分け、3回交互に通したら真ん中のCを通して両端をAに貼ります。

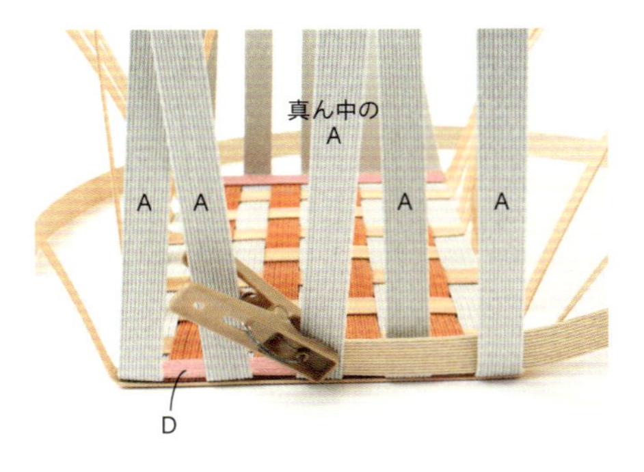

6.p13の10と同様に裏返してDが見える状態で置き、側面を垂直に立ち上げます。真ん中のAの内側にEを洗濯ばさみで止めます。

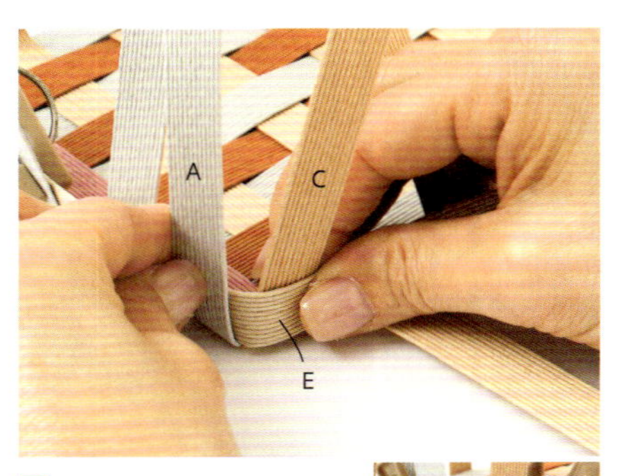

7.Eを縦ひもの外側と内側を交互に通します。

角は折らずにゆるく曲げて両側から洗濯ばさみで止めます。 point

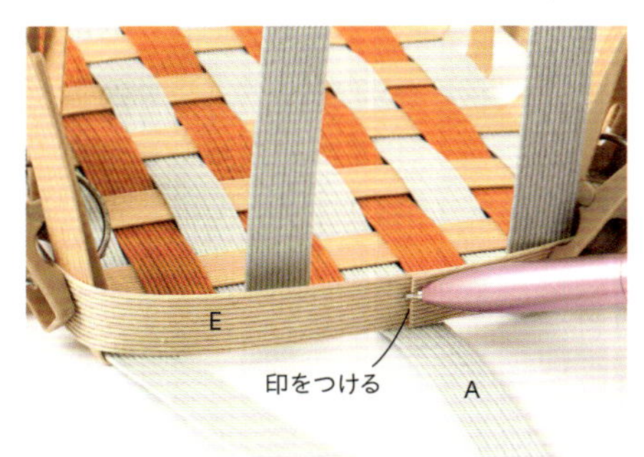

8.1周したら編み始めに編み終わりを重ねて印をつけます。これは輪編みをするための試し編みなので、一度外します。

point 紙バンドの厚さや手加減で側面の編みひもの長さが変わるため、試し編みをして輪を作ることが大切です。

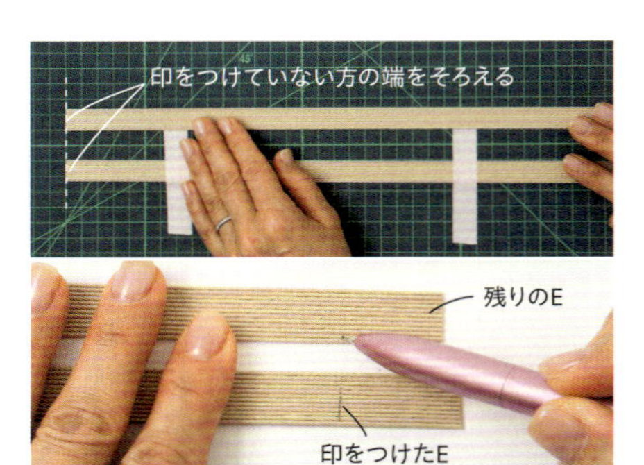

9.印をつけたEを机など平らな所に置いてマスキングテープで止め、残りのEを並べて印のない方の端をそろえ、同じ位置に印をつけます。Fにも同様に印をつけます。

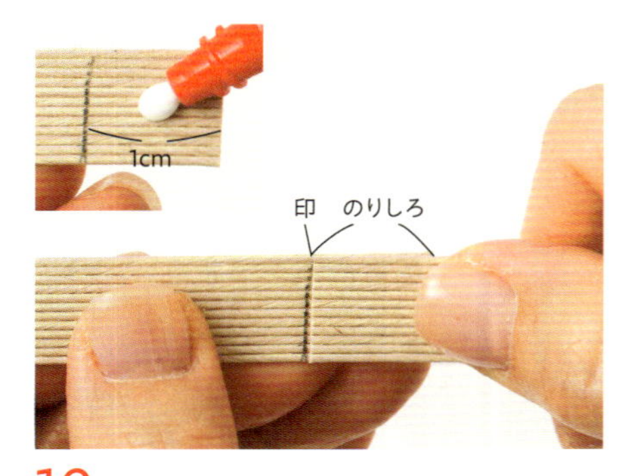

10.印から外側1cmの所でカットし、ねじれないように注意して、のりしろにボンドをつけて印の位置で貼って輪にします。

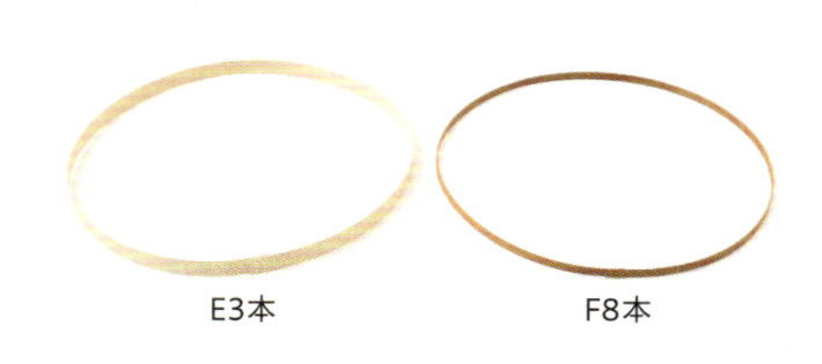

11.残りのEとFも同様にします。

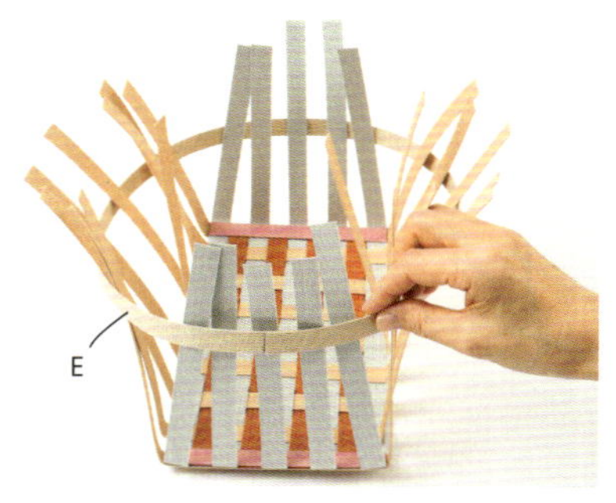

12.Eの輪を側面の立ち上がっているひも（A・C）の外側にかぶせます。

編み方の動画はこちらからご覧下さい

13. 真ん中のAの内側に輪にしたEののりしろを合わせ、Aのひもを引き出して洗濯ばさみで止めます。

14. 側面の立ち上がっているひも（A・C）を1本おきに外側に引き出します。※右上の二次元バーコードで輪編みの動画をご覧いただけます。

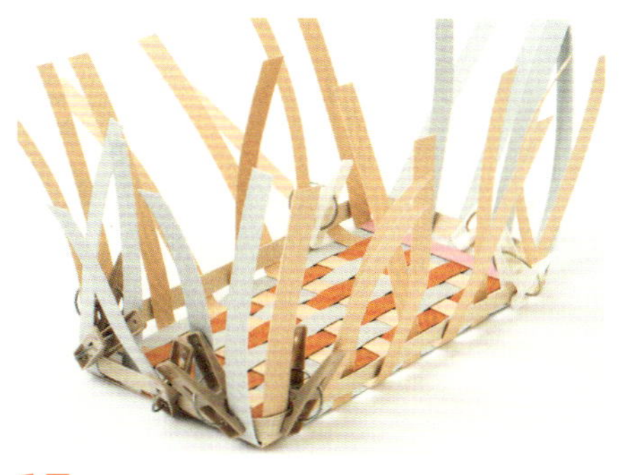

15. 角は2本の立ち上がっているひもを垂直に立ててゆるく曲げます。

point 一度折り目をつけるとつけ直すことが難しいので、最後にまとめて角の折り目をつけます。

16. E2段目の輪を側面のひもの外側にかぶせます。のりしろの位置は1段目編み始めの右隣のAの内側に合わせて洗濯ばさみで止めます。

17. 側面のひもを1段目と交互になるように1本おきに引き出し、p14の17と同様に編みひもを詰めて整え、角はp19の15と同様にします。

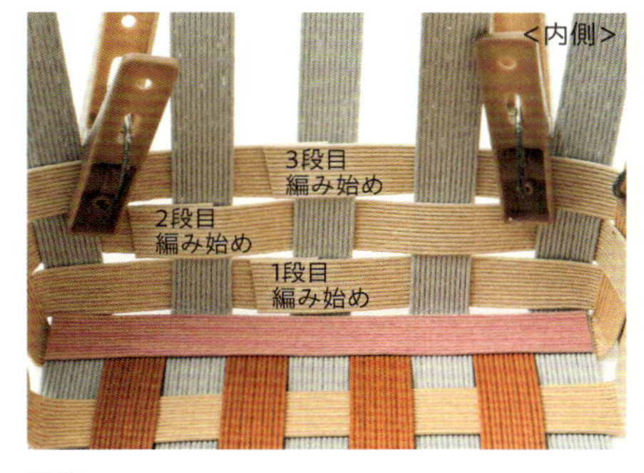

18. E3段目ののりしろは、E1段目と同じ真ん中のAの内側に合わせます。Aのひもを引き出して洗濯ばさみで止め、3段目を編みます。

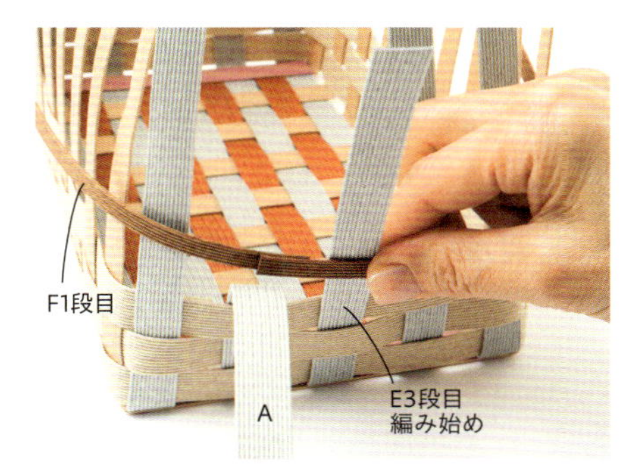

19. F1段目の輪をかぶせ、のりしろはE3段目編み始めの左隣のAの内側に合わせ、Aのひもを引き出します。

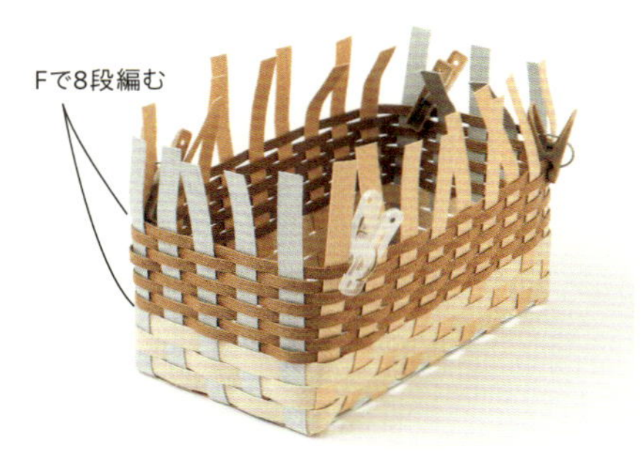

20. 続けてのりしろの位置を変えながらF8段目まで編みます。洗濯ばさみでこまめに止めながら編み、編みひもを詰めて整え、ここで角に折り目をつけます。

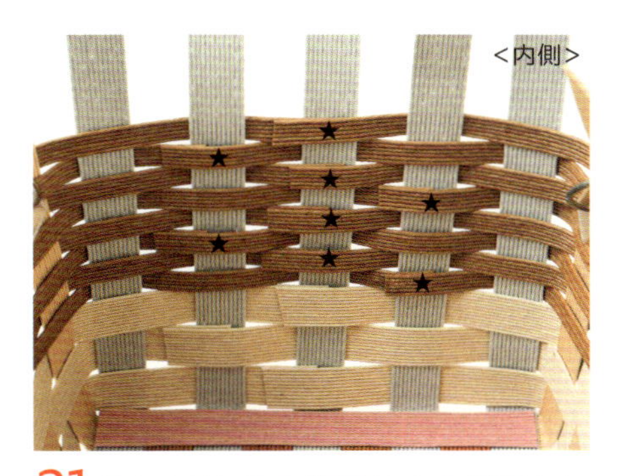

21. Fののりしろの位置は★の場所にします。2・4・6・8段目は真ん中のA、1・5段目は外側から見て左隣のA、3・7段目は外側から見て右隣のAにきます。

No.3・4 角型の収納ボックス

持ち手を作る

22.真ん中のAの中心で、Fを上から3本分（F6〜8段目）をカットします。1本ずつはさみを入れて、丁寧に切ります。

23.中央でカットしたF8段目の端を、右端のAの内側で再びカットします。

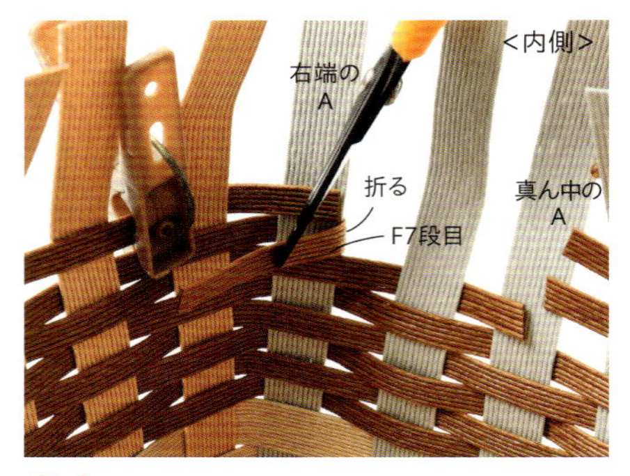

24.F7段目は、右端のAで内側に折り、Aの反対側の端でカットします。折る時にAが傾かないよう注意して下さい。

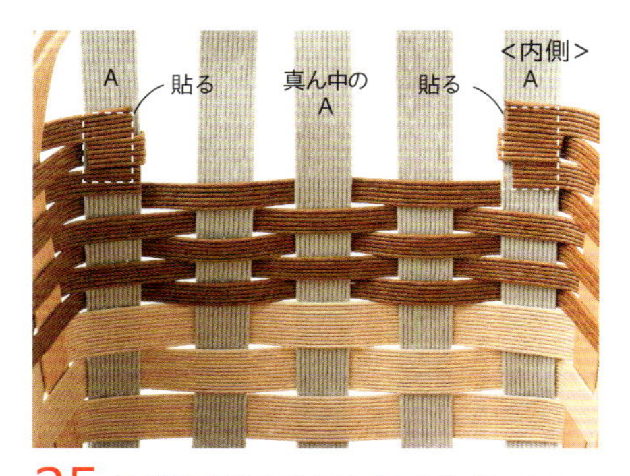

25.F6段目は8段目と同じ位置でカットし、3本とも右端のAの内側に貼ります。外側から見て左端も対称になるように23〜25と同様に処理します。

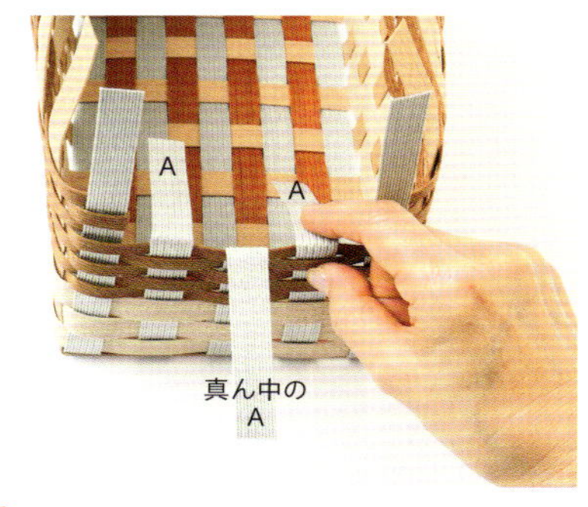

26.真ん中とその両隣のA3本を外側と内側へ、F5段目をくるむ方向へ折り、p15の25〜27と同様に横ひもに差し込みます。

27.真ん中とその両隣のA3本分の縦ひもを横ひもに差し込みました。同様に反対側も処理します。

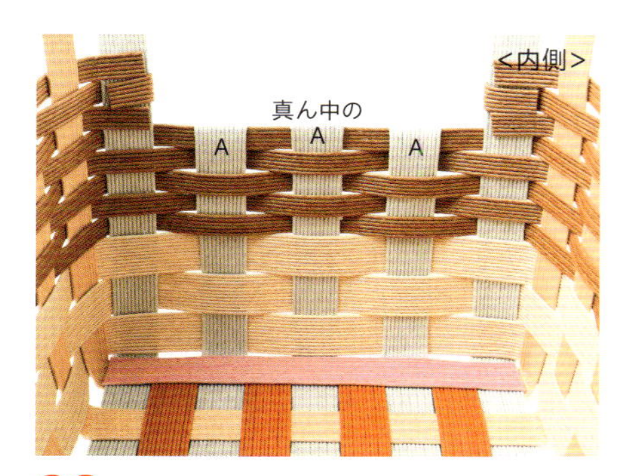

28.内側から見たところ。

縁の始末をする

29.残りのAとCの縦ひもを、F8段目の上端から0.7cm程度（紙バンド6本幅分位）残して切ります。

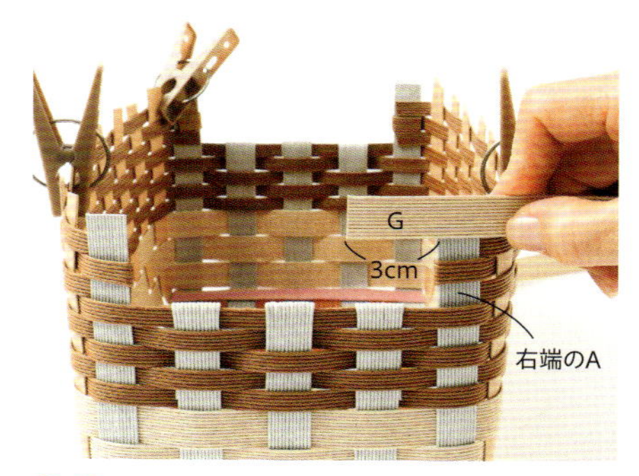

30.Gを右端のAの端から3cm出して、F8段目（側面の最終段）の上端に沿わせて外側に貼っていきます。

編み方の動画はこちらからご覧下さい

31. 洗濯ばさみでこまめに止めながら、縦ひものとび出た部分、3本分くらいにボンドをつけてGを貼るのをくり返します。

32. 持ち手の部分はやや引っ張り気味に貼り、一周貼ったら1〜1.5cmのりしろをつけて余分をカットし端同士を貼り合わせます。

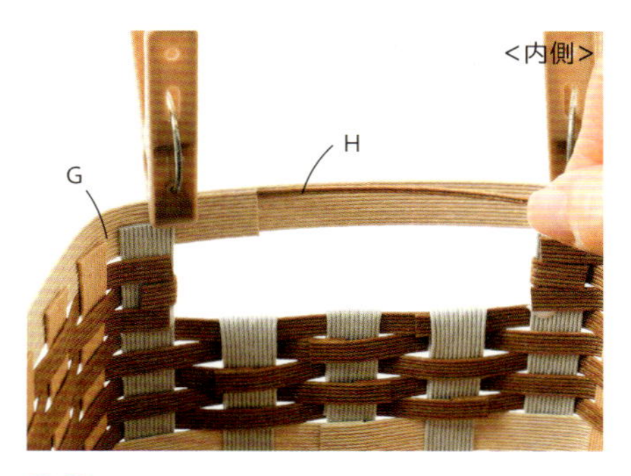

33. G内側の上端に合わせてHを一周貼ります。貼り始めはGののりしろの段差に合わせ、Hの端同士が突き合わせになるように余分をカットして貼ります。

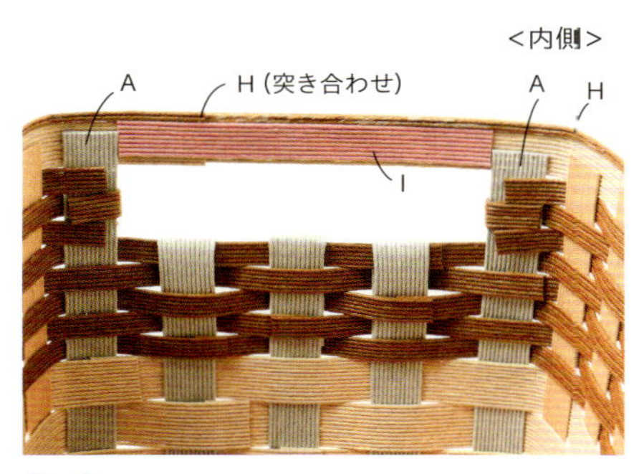

34. 持ち手の補強のためにIを内側に貼ります。Hの真下に合わせ、両端のAの間に収まるように長さを調整してから貼ります。反対側も同様にします。

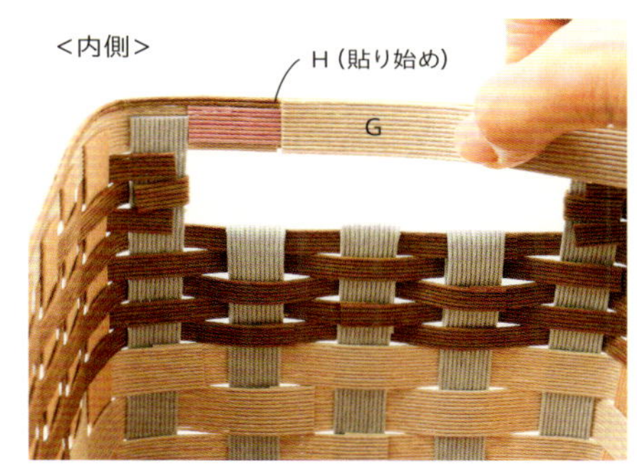

35. Hの貼り始めと同じ場所から、残りのGを内側に貼ります。貼り終わりは1〜1.5cmのりしろをつけてカットしてG同士を貼ります。

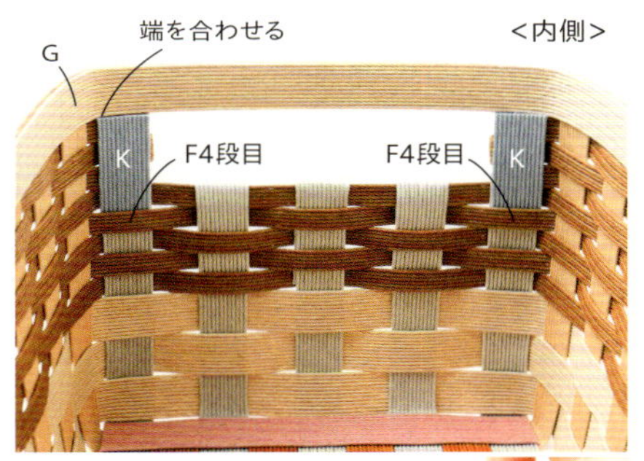

36. Kにボンドをつけ、F4段目に差し込み、上はGの下端に合わせて余分をカットして貼ります。

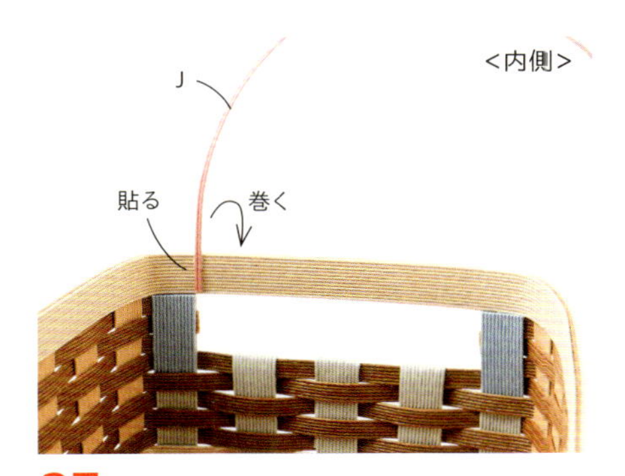

37. Kを4カ所同様に貼ったら、Jの端を、持ち手の端の内側に合わせて貼ります。ねじれないように、横にぴったりときれいに並ぶように巻きつけます。

38. Jを端まで巻いたら、内側の上端に合わせて余分をカットして貼ります。

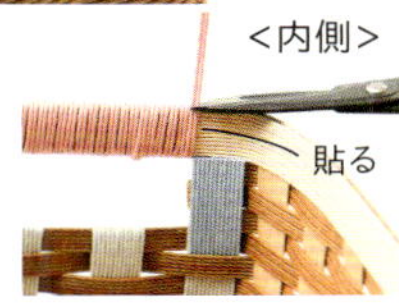

39. 反対側も同様にしたら完成です。
※右上の二次元バーコードで持ち手を巻く動画をご覧いただけます。

No.5 バスケットバッグ 作品写真／8ページ

・サイズ／底25×10cm、深さ21cm
・材料／12本幅紙バンド　グレー2,115cm
あい800cm（植田産業㈱パピエス）

用意する幅と本数（指定以外はグレーを使用）

	幅	長さ・本数	用途
A	12本幅	81cmを3本	底で横に置き、側面に続くひも
B	12本幅	25cmを4本	底で横に置く短いひも
C	12本幅	68cmを9本	底で縦に置き、側面に続くひも
D	12本幅	11cmを2本	底を作る時にA・Bを並べて貼るひも
E	12本幅	75cmを10本	（あい）側面の編みひも
F	4本幅	500cmを2本	側面の編みひも
G	12本幅	75cmを2本	縁を始末するひも
H	12本幅	99cmを2本	持ち手のひも
I	12本幅	70cmを2本	持ち手のひも
J	2本幅	650cmを2本	持ち手を巻くひも
K	3本幅	25cmを2本	（あい）持ち手飾りのひも
L	6本幅	25cmを2本	（あい）ボタンのひも
M	2本幅	50cmを1本	（あい）ボタンをつけるひも

※内径1.5cmの角カン4個、ゴム37cmを用意する。

裁ち方

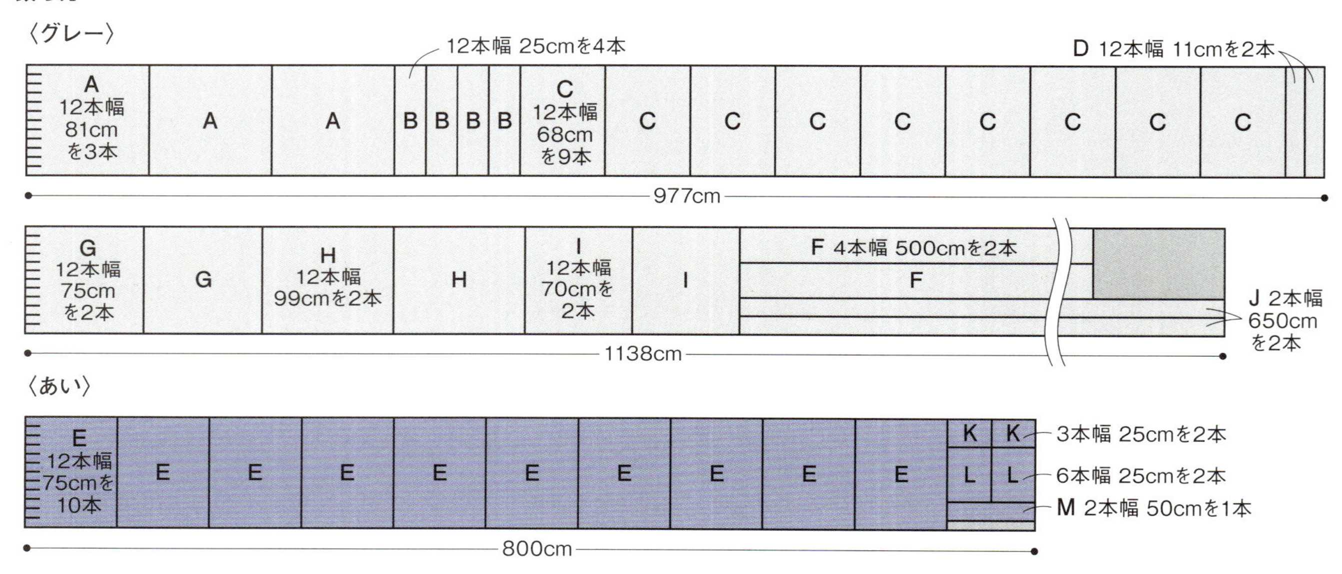

底を作る

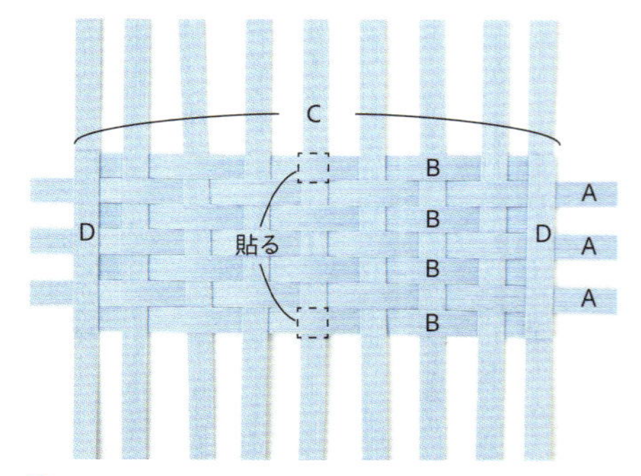

1. p12の1〜p13の9を参照して底を作り、裏返してDが見える状態で置きます。

側面を作る（輪編みをする）

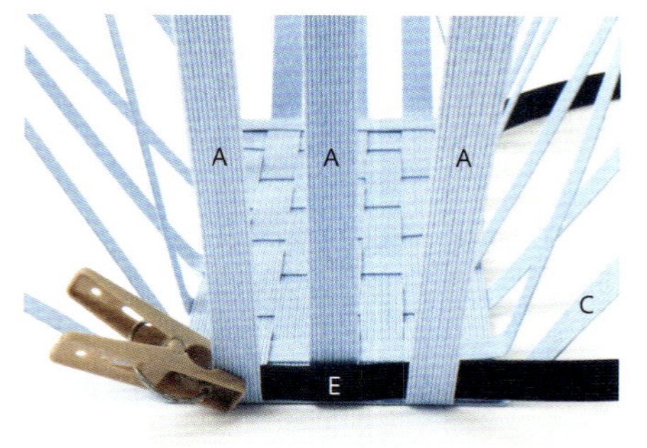

2. p13の10と同様に側面を立ち上げ、左端のAの内側に、Eを底に沿うように洗濯ばさみで止め、p18の6〜10と同様に試し編みをしてから輪を作ります。

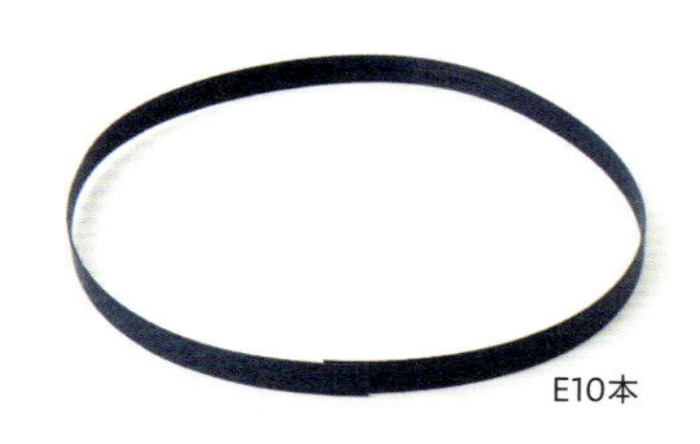

3. E10本分、試し編みをしたひもと同じ位置に印をつけて同様に輪を作ります。

編み方の動画はこちらからご覧下さい

側面を作る（追いかけ編みをする）

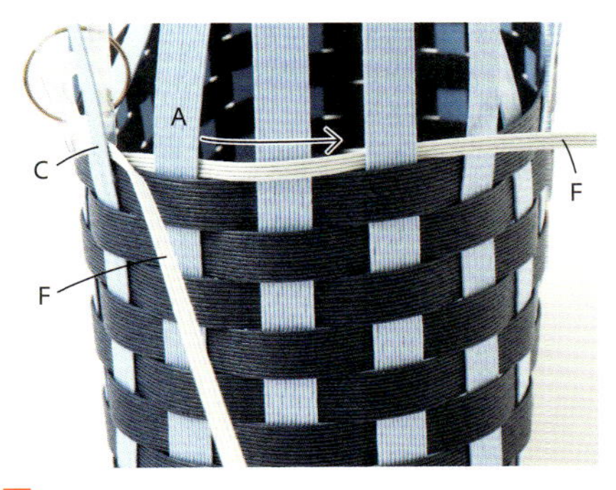

4. p18の12からp19の18を参照し、Eで10段編みます。この作品には角が無いのでまちに角をつけず自然にカーブさせます。※右上の二次元バーコードで輪編みの動画をご覧いただけます。

5. 編み始めは写真の★のように1本ずつ横にずらしながら編み、厚みを分散させ、Eの編みひもの間を詰めて整えます。

6. F2本を右端のCとその右隣りのA（左端のA）の内側にそれぞれ貼ります。E10段目の上に沿わせて貼り、端は共に2cm出します。

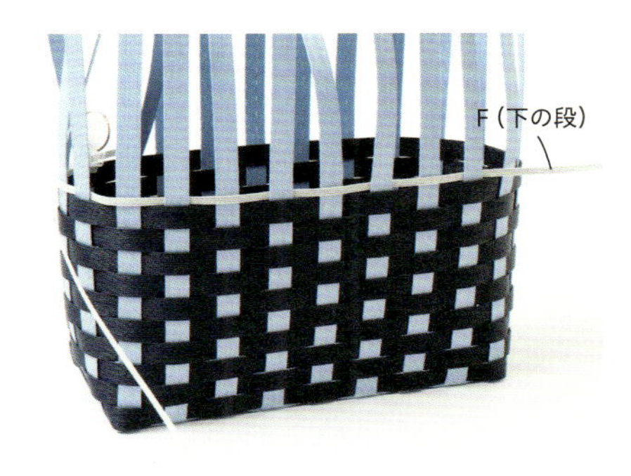

7. Aに貼ったF（右に貼ってある方）を、先に縦のひもの外側・内側に交互に通します。

8. 少し編んだら一旦止まります。このひもがF（下の段）になります。

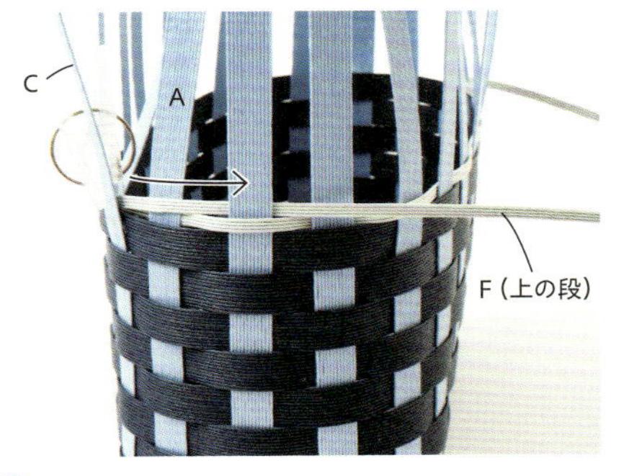

9. 次にCに貼ったFを交互に通します。このひもがF（上の段）になります。下の段を編んでから上の段を編むこの編み方を「追いかけ編み」と言います。

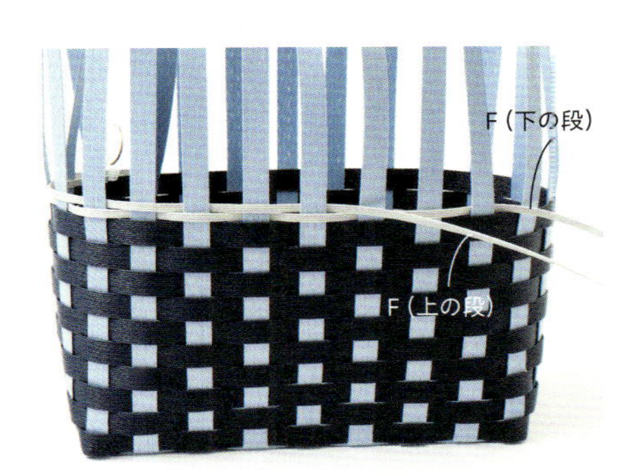

10. 上の段が下の段を追い越さないように、上の段を編む時は下の段の手前で止まります。

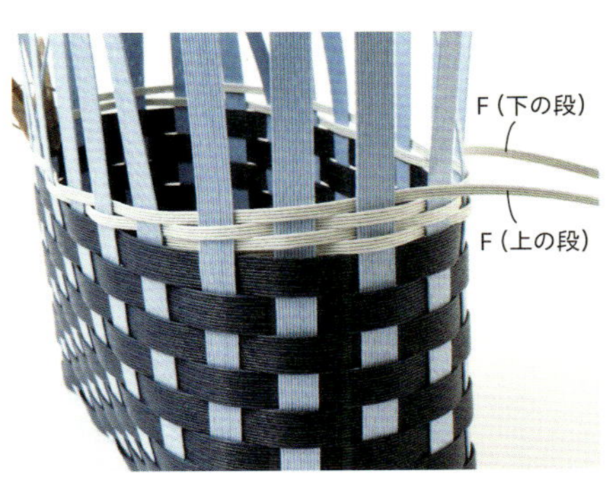

11. 1周したらそのまま次の段に進み、6周・12段編みます。※右上の二次元バーコードで追いかけ編みの動画をご覧いただけます。

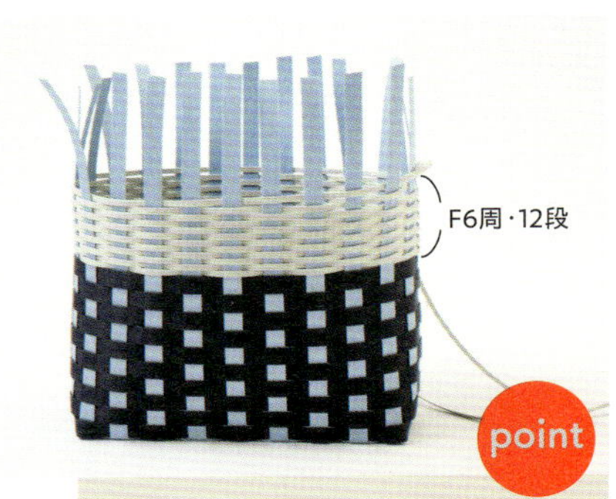

12. 縦ひもを常に垂直の状態にして、追いかけ編みを輪編みの編み地に沿わせて編むと、広がったりつぼまったりせず、きれいに作れます。

No.5 バスケットバッグ

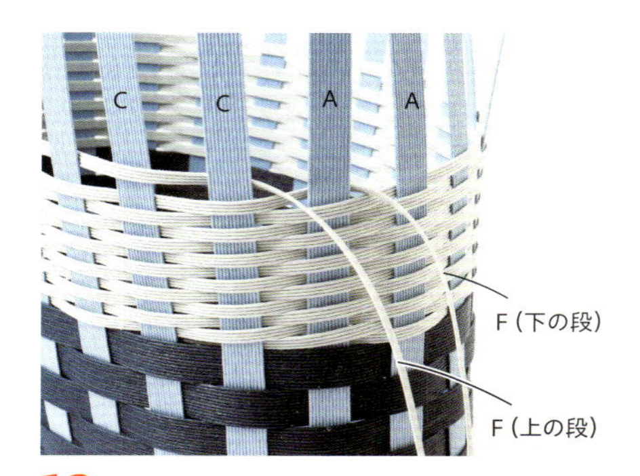

13.6周・12段編んだら、編み始めた位置で編み止まります。

14.F (下の段) を横にのばし、縦ひも1本飛ばして、右端のAのひも手前の際でカットします。

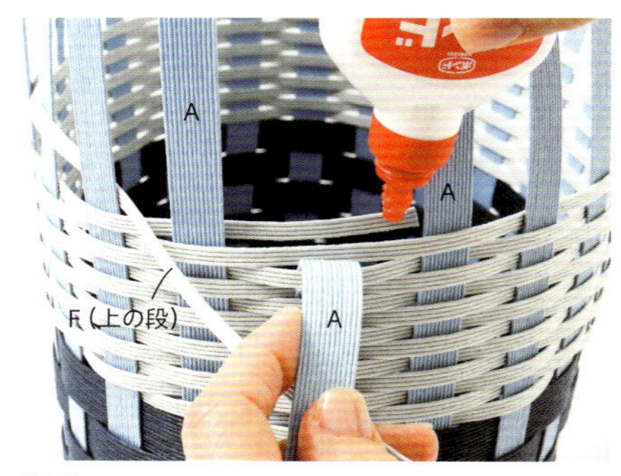

15.真ん中のAをめくって編みひもを内側に入れ、編み地に上端をそろえて貼ります。

16.F (上の段) を横にのばし、F (下の段) と同じ場所でカットします。

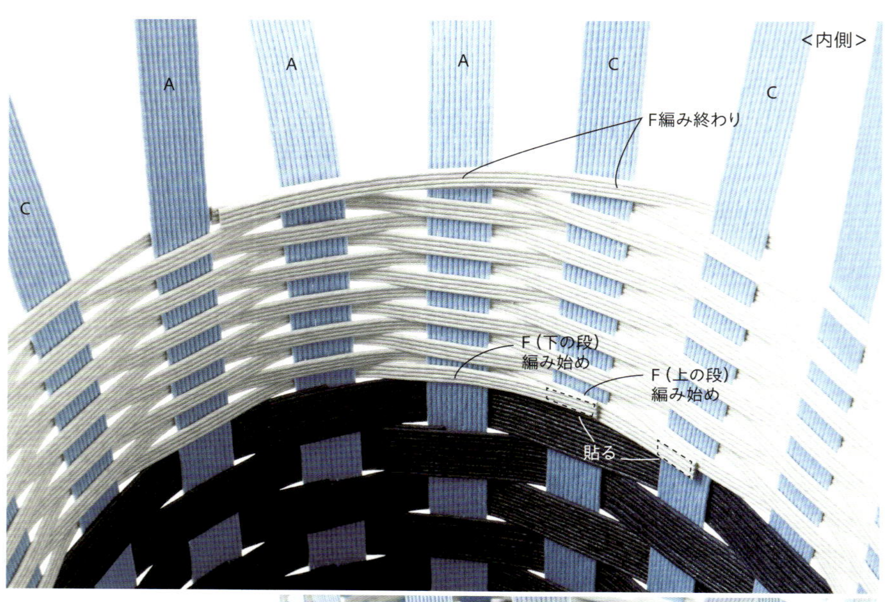

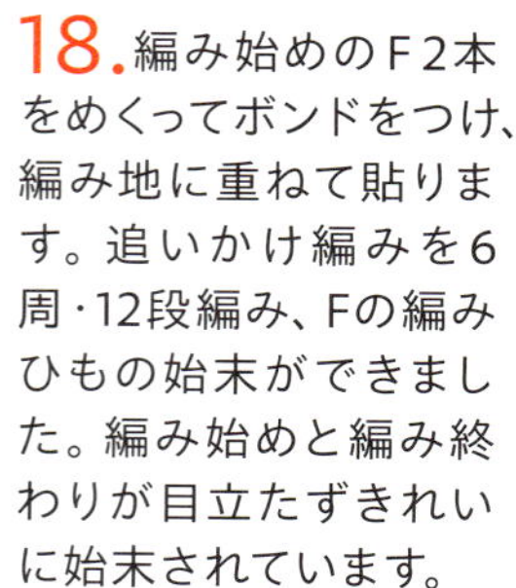

17.左と真ん中の2本のAをめくって編みひもを内側に入れて、F (下の段) に重ねて貼ります。

18.編み始めのF2本をめくってボンドをつけ、編み地に重ねて貼ります。追いかけ編みを6周・12段編み、Fの編みひもの始末ができました。編み始めと編み終わりが目立たずきれいに始末されています。

縁の始末をする

19.左端のAの内側にGを洗濯ばさみで止めます。

20.p15の22・23と同様にGを側面の縦ひもの外側と内側に通して1周編み、のりしろ1~1.5cmで余分をカットしてG同士を貼り合わせます。

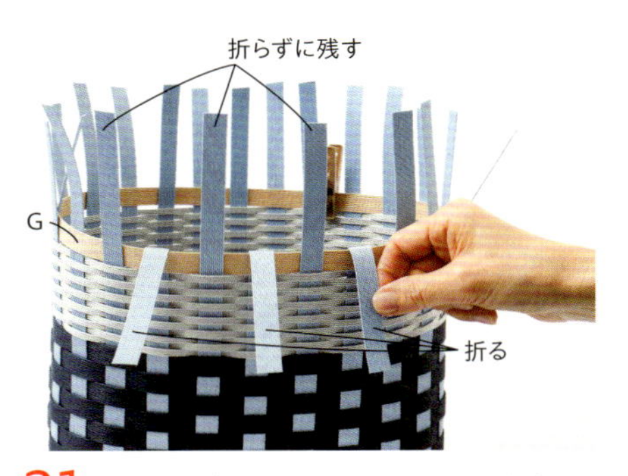

21.側面の縦ひものうち、Gの内側にあるひものみ外側へ（Gをくるむ方向へ）折ります。Gの外側にあるひもはそのまま残します。

22.p15の25~27と同様に、追いかけ編み1段目に縦ひもの先が隠れる位置でカットし、根元にボンドをつけて差し込みます。

23.スパチュラですき間を広げると差し込みやすいです。外側に折ったひもをすべて同様に処理します。

持ち手を作る

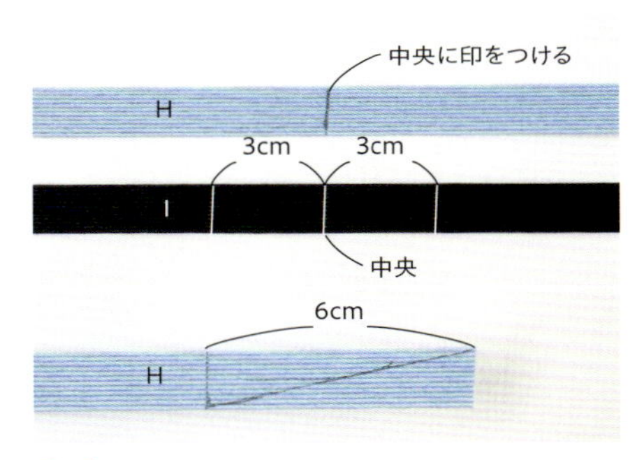

24.Hの中央と、Iの中央、中央から3cmの所に印をつけます。さらにHの両端の6cmの所に印をつけ、一方の端にななめの印をつけます。

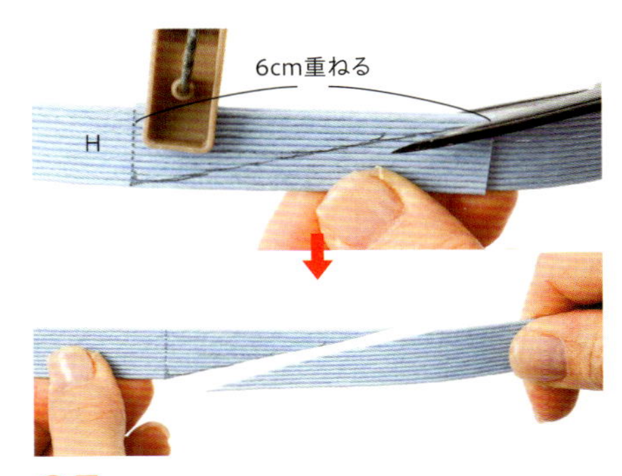

25.Hをねじれないように輪にして、Hの6cmの印で端と端を重ねて、2本まとめて線上をななめに切ります。

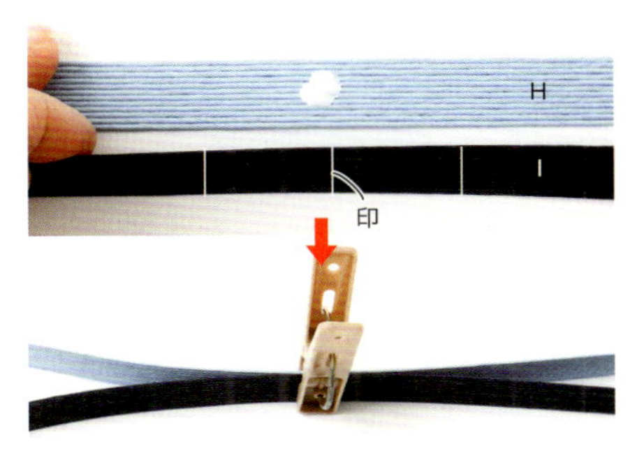

26.Hの中央にボンドをつけ、中央同士を合わせてIを貼ります。H・I共に中央の印が外側にくるように貼り、洗濯ばさみで止めます。

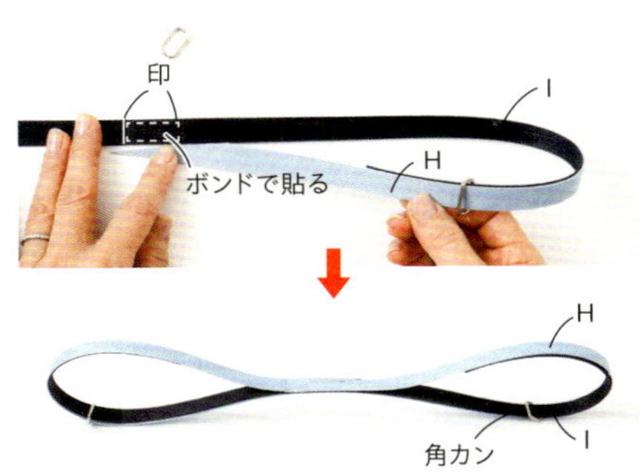

27.内径1.5cmの角カンを両側から通します。Iの中央の印の部分（6cm分）にボンドをつけ、Hを折り返して両側から突き合わせて貼ります。

No.5 バスケットバッグ

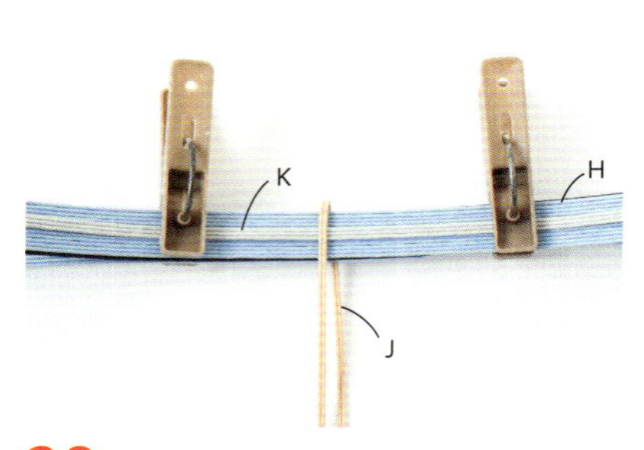

28. Kの中央に印をつけます。Hの中央の印と、Kの中央を合わせてKを重ね、洗濯ばさみで止めます。Jを半分に折って持ち手の中央に掛けます。

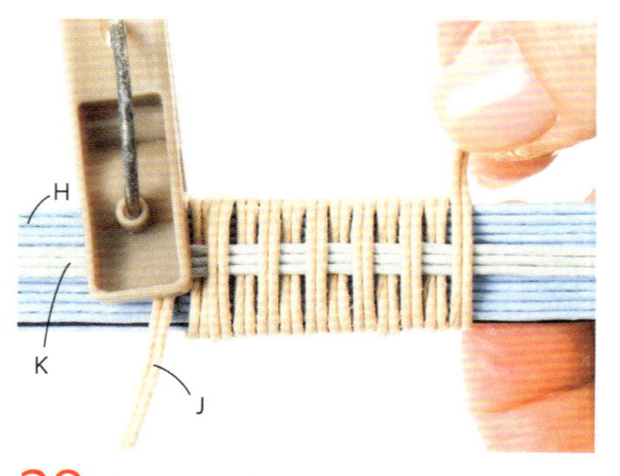

29. 中心から端に向かって、持ち手にJを巻き付けます。JをKのひもの下に通したり上に通したりを交互にくり返すことで模様ができます。

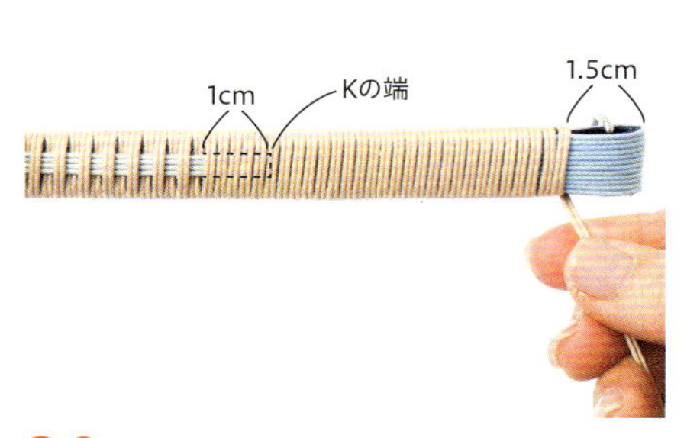

30. Kが持ち手の真ん中に来るよう調整しながら、ねじれないように詰めて巻きます。Kの端の1cm手前からKの上に巻き、端から1.5cmのところで止まります。

31. Jに1周半分ボンドをつけ、1巻きしたら持ち手の間に入れて際で切って貼ります。反対側も同様にします。

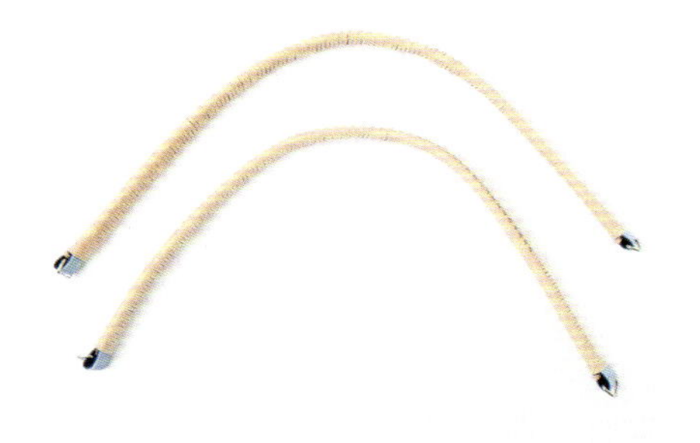

32. 同じものを2本作ります。

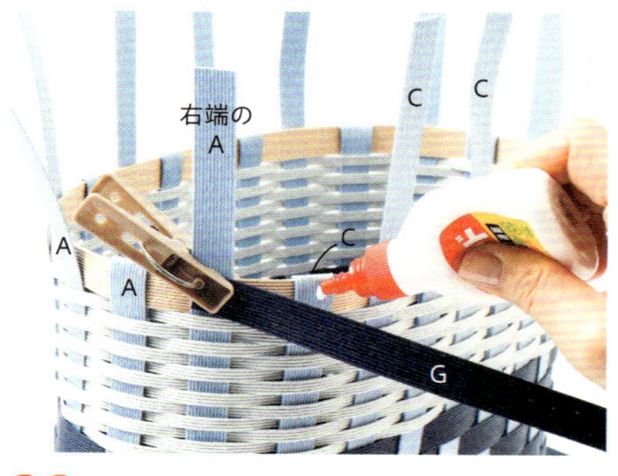

33. Gの端が右端のAの中心に隠れるように洗濯ばさみで止め、続けてp25の23で始末した縦ひもの上部にボンドをつけてGを貼ります。残っている縦ひもをGを巻き込みながら外側へ折ります。

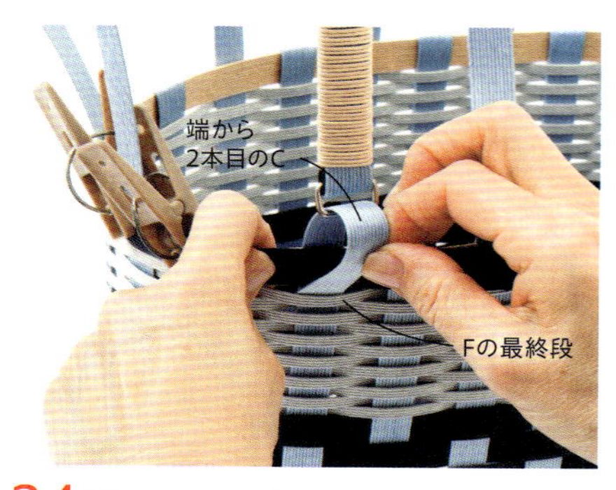

34. 残っている縦ひもはp25の22・23と同様に、Gをまきこみながらfの最終段の上から差し込みます。端から2本目のC4本には持ち手を通して、ボンドを先端までしっかりつけて差し込み貼ります。

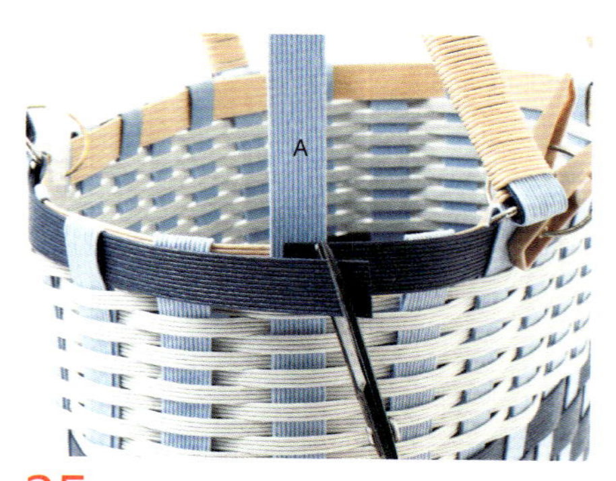

35. 1周したら縦ひもAに隠れる位置でGをカットして貼り合わせ、最後のAを始末します。

36. 本体の完成です。

ボタンを作る

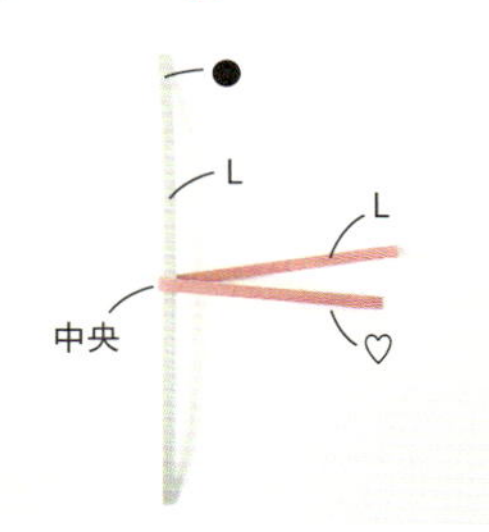

37.L1本（♡）をもう1本のL（●）の中央に掛けます。

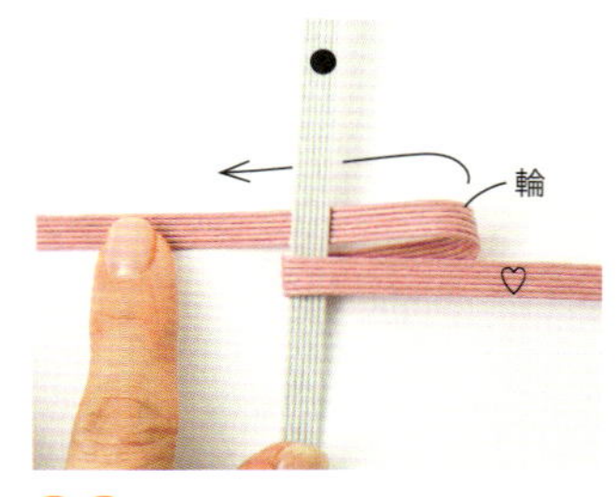

38.掛けた方のL（♡）を折り返して輪を作ります。

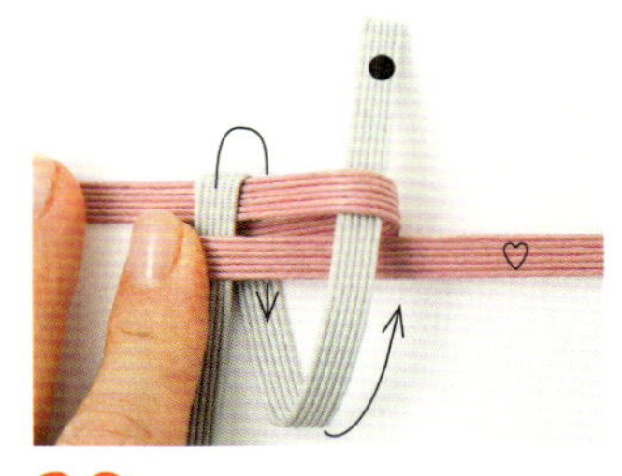

39.もう1本のL（●）を後側へ折ってから再び折り返して輪に通します。

40.引き締めます。

41.裏返してMを通し、2つ折りにして束ねます。

42.上に伸びるひもを手前に折ります。

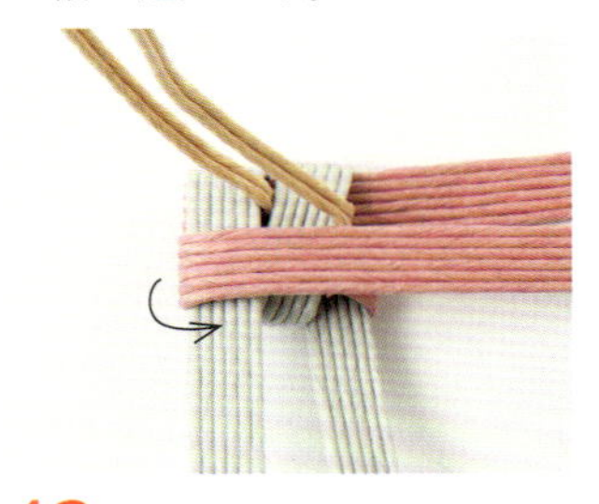

43.反時計回りに順番に折ります。

44.Mをよけながら折っていきます。

45.最後の1本を42で折ったひもに通します。

46.折った4つの隙間にボンドをつけ引き締めます。

47.余分をカットします。

48.ボタンの完成です。

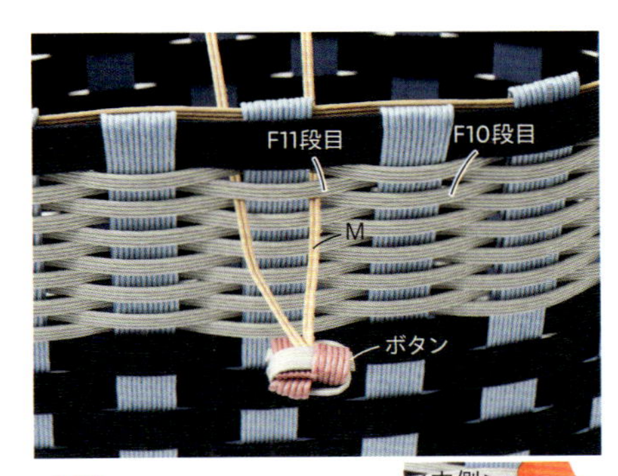

49.真ん中のCの両側、F10・11段目の間にMを差し込み、内側で2回かた結びをして結び目にボンドをつけ、余分をカットします。

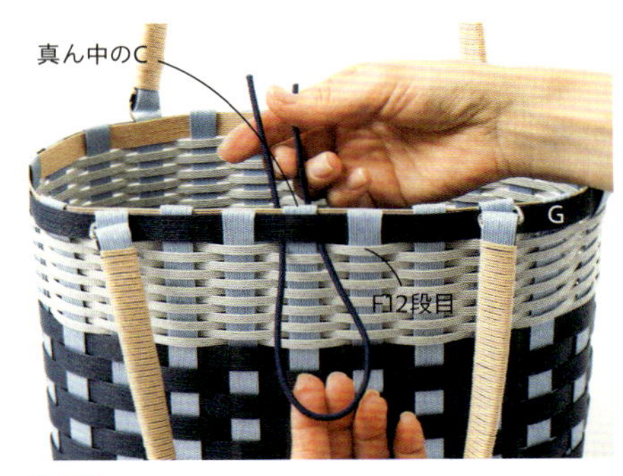

50.反対側は、真ん中のCの両側・Gの下にゴムを通し、内側で結びます。

51.完成です。

No.6 ななめ模様のバスケットバッグ 作品写真／9ページ

・サイズ 底30×10cm、深さ22cm
・材料 12本幅紙バンド
　コーヒー2,764cm アクアピンク851cm (植田産業㈱パピエス)

用意する幅と本数 (指定以外はコーヒーを使用)

A　12本幅　90cmを3本　底で横に置き、側面に続くひも
B　12本幅　30cmを4本　底で横に置く短いひも
C　12本幅　70cmを11本　底で縦に置き、側面に続くひも
D　12本幅　10cmを2本　底を作る時にA・Bを並べて貼るひも
E　8本幅　84cmを8本　側面の編みひも
F　12本幅　84cmを9本 (アクアピンク)　側面の編みひも
G　2本幅　95cmを6本　(アクアピンク)　側面の編みひも
H　12本幅　84cmを2本　縁を始末するひも
I　4本幅　420cmを1本　側面の飾り編みのひも
J　12本幅　98cmを2本　持ち手のひも
K　12本幅　70cmを2本　持ち手のひも
L　2本幅　660cmを2本 持ち手を巻くひも
※内径1.5cmの角カン4個を用意する。

裁ち方

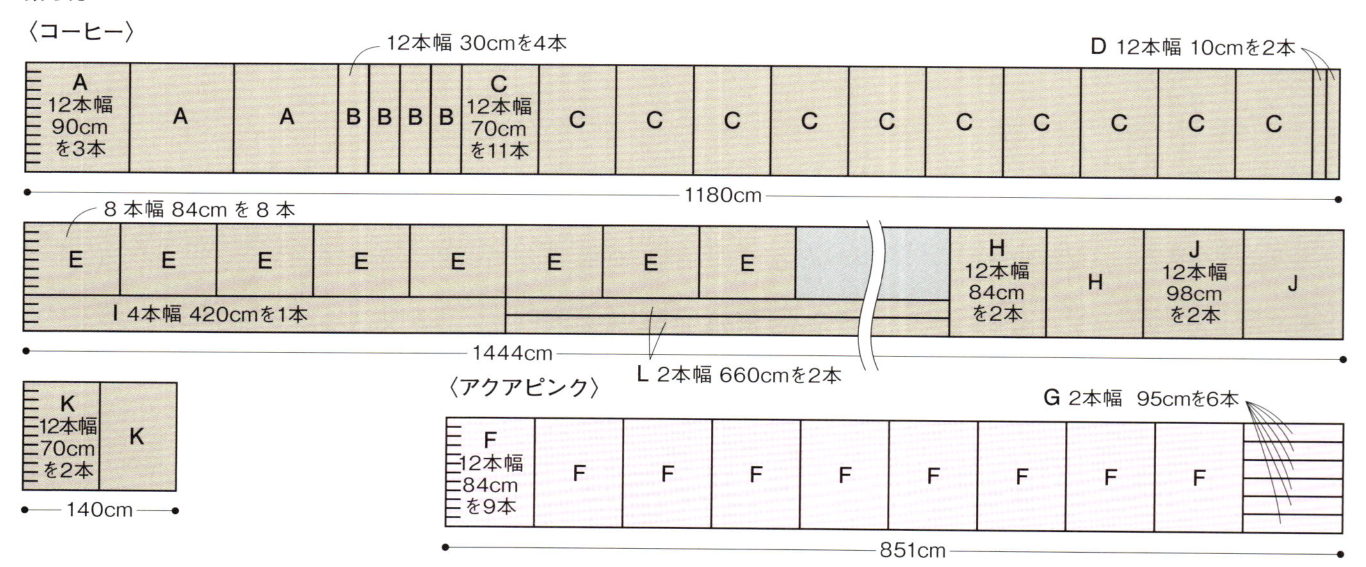

底を作る

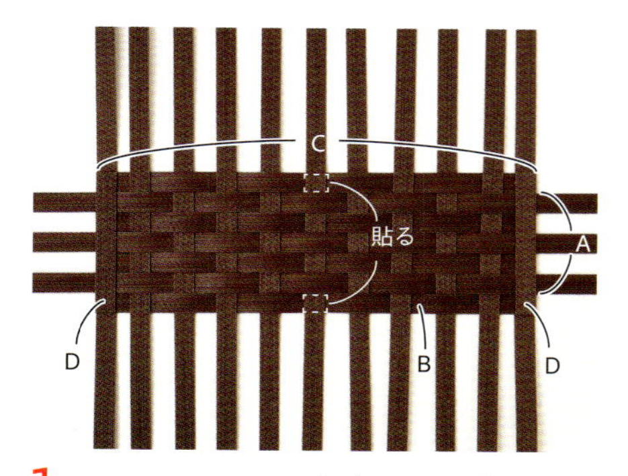

1.p12の1～p13の9を参照して底を作り、裏返してDが見える状態で置きます。

側面を作る (輪編みをする)

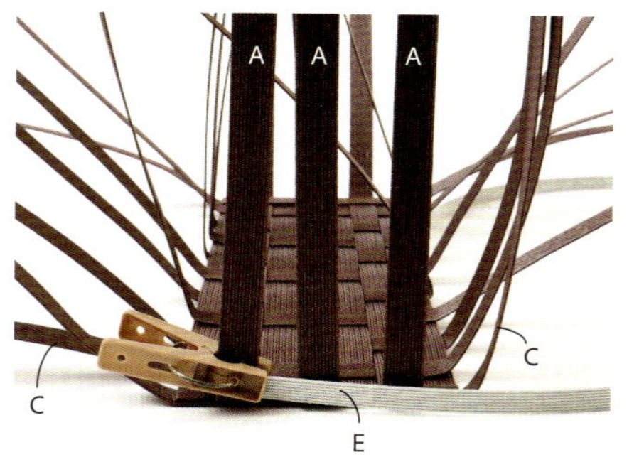

2.p13の10と同様に側面を立ち上げ、左端のAの内側に、Eを底に沿うように洗濯ばさみで止め、p18の6～10と同様に試し編みをして印をつけます。

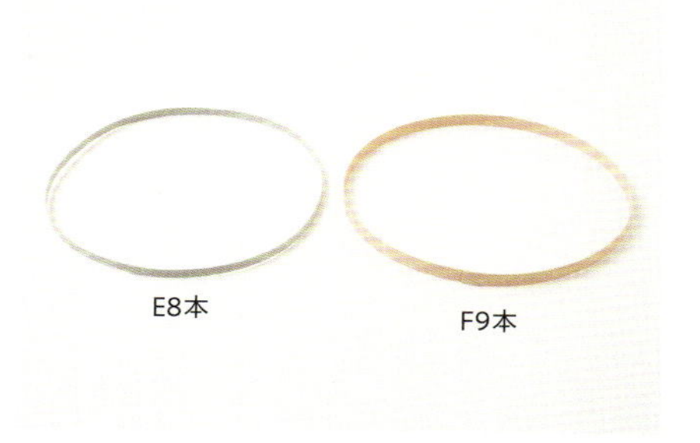

3.E8本とF9本、試し編みをしたひもと同じ位置に印をつけて同様に輪を作ります。※二次元バーコードで輪編みの動画をご覧いただけます。

編み方の動画はこちらからご覧下さい

側面を作る（3本なわ編みをする）

4. p18の12からp19の18を参照し、Eで4段編みます。この作品には角が無いので角を折らずに自然にカーブさせます。

5. 編み始めは1本ずつ横にずらしながら編み、Eの編みひもを詰めて整えます。

6. Eののりしろがある辺の、3本のAの内側にG3本をそれぞれ貼ります。

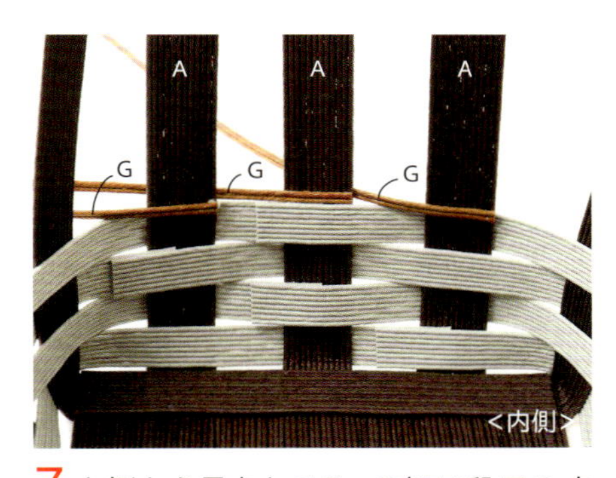

7. 内側から見たところ。GをE4段目のすぐ上に貼り、Gの端はAの端にそろえます。

8. 左端のAに貼ったGを、2本飛ばした先のひも（3本目の縦ひも）にねじれないようにかけます。

9. 真ん中のAに貼ったGを、2本飛ばした先のひも（3本目の縦ひも）にかけます。※右上の二次元バーコードで3本なわ編みの動画をご覧いただけます。

10. 右端のAに貼ったGを2本飛ばした先（3本目の縦ひも）にかけます。一番左にあるGを、3本先の何もかかっていない縦ひもにかけると覚えましょう。

11. point 引っ張りすぎると形がくずれるので、下の段・E輪編みに合わせて編むときれいに編めます。

12. 角は編み地に沿わせて自然に曲がり、3本なわ編みを1段編んだら、Gを貼った3本のAにそれぞれかけて止まります。

No.6 ななめ模様のバスケットバッグ

13.一番右のAにかけたGを進行方向に横に伸ばして、右隣のCのひもの端でカットします。

14.Cをめくって、カットしたGの端を内側に入れて、編んであるGにそろえて貼ります。

15.他のGも同様に、進行方向に横に伸ばして、右隣のAのひもの端でカットして内側から引き入れ、Gに貼ります。

16.Gのひもの端が処理できました。3本なわ編みは、編み地の切り替え部分のアクセントになっています。

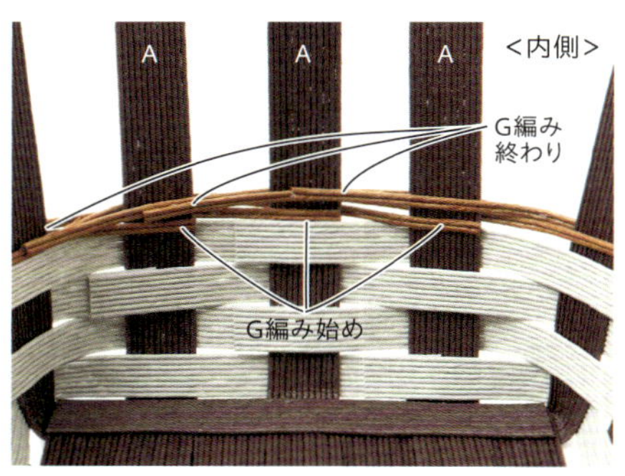

17.内側から見たところ。Gの編み終わりののりしろは、編み始めの隣の縦ひもに来ています。

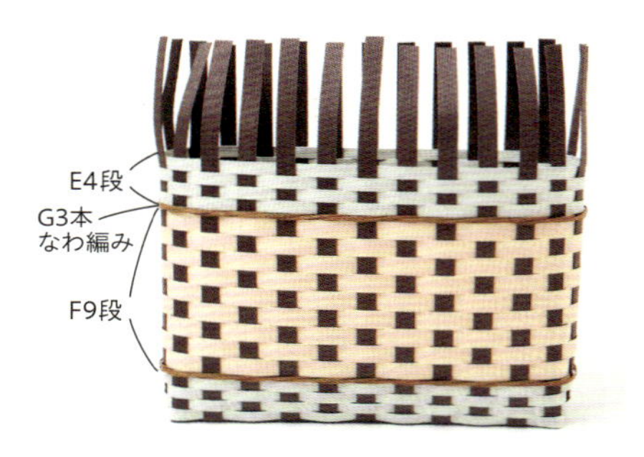

18.p29の4を参照してFで輪編みを9段、p29の6〜p30の17を参照してGで3本なわ編みを1段、Eで輪編みを4段編みます。

飾り編みをする

19.Iを、真ん中の縦ひも（C）の右側の、F1段目の下の間に内側から外側へ通し、そのまま真ん中のCの下を通します。

20.左ななめ上の縦ひも(C)に差し込み、ひもを引きます。同様にななめに通します。

ペンチ

21.ペンチで引っ張ると通しやすいです。※右上の二次元バーコードで飾り編みの動画をご覧いただけます。

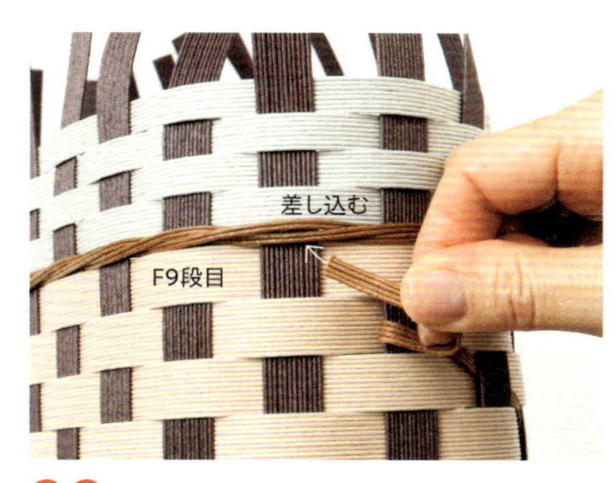

22.最後はF9段目の上の、縦ひも（C）の右側の間に、外側から内側へ差し込みます。

23. 下から14段目のEの上端のところでカットし、ボンドをつけてEの編み地に貼ります。

24.I編み始めは、E4段目の下端に合わせて余分をカットし、ボンドをつけてEの編み地に貼ります。

25.縦ひも（C）を3本飛ばした所から、先ほど通したIと平行に左ななめ上に向かって同様に通して処理します。

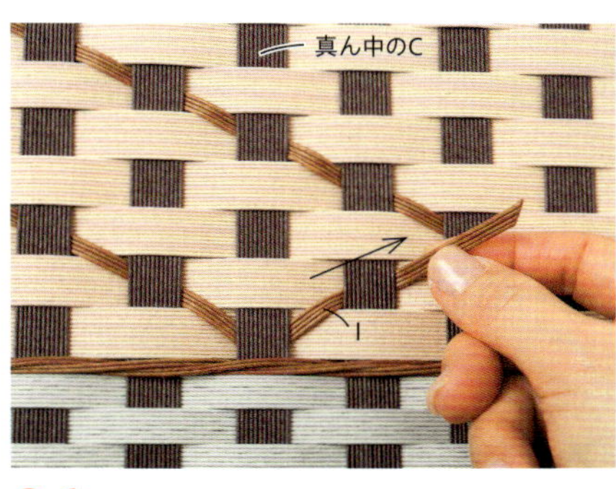

26.一周すべて通したら、真ん中の縦ひも（C）の左側の、F1段目の下の間に内側から外側へ通し、右ななめ上に向かって同様に通します。

27.縦ひも（C）を3本飛ばした所から、平行に右ななめ上に向かって同様に一周すべて通して処理します。

縁の始末をする

28.一周飾り編みをすると、ひし形の飾り模様ができます。反対側はひし形の頂点の場所が変わり、上の写真のようになっています。

29.Eののりしろがある辺の、真ん中のAの内側にHを洗濯ばさみで止めます。

30.p15の22・23と同様にHを側面の縦ひもの外側と内側に通して1周編み、のりしろ1~1.5cmで余分をカットして、H同士を貼り合わせます。

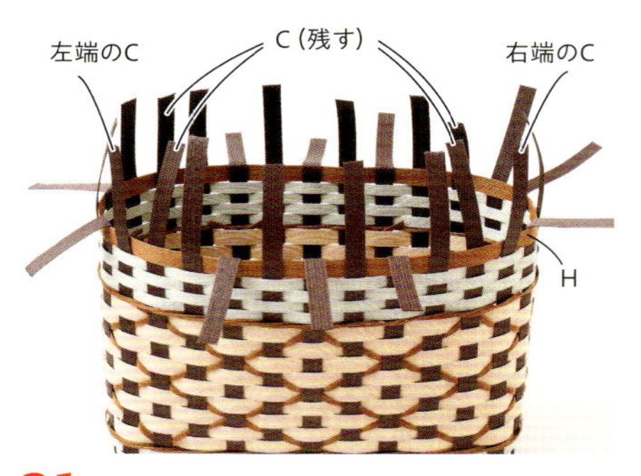

31. 側面の縦ひものうち、Hの内側にあるひものみ外側へ（Hをくるむ方向へ）折ります。Hの外側にあるひもと、Cの両端から2本目は残します。

32. 31で折ったひもを、p15の25〜27と同様に、縦ひもの先が隠れる位置でカットし、根元にボンドをつけて差し込みます。

持ち手を作る

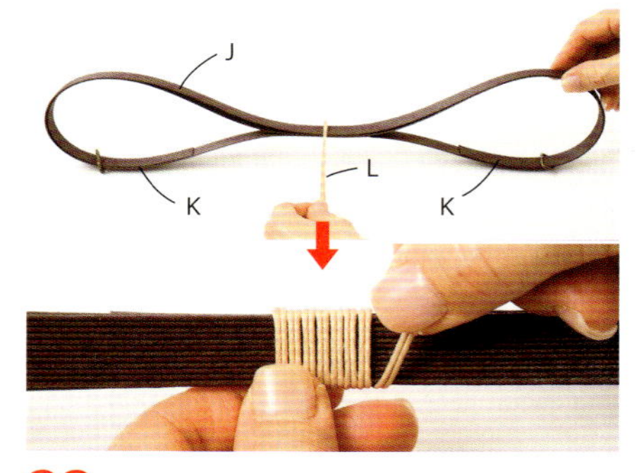

33. p25の24〜p26の31を参照し、JとKで持ち手を作ります。ただし中央の飾りひもは無しで、中心から外側へLを巻きます。（※p25の24のHがJ、IがKと同じです。）

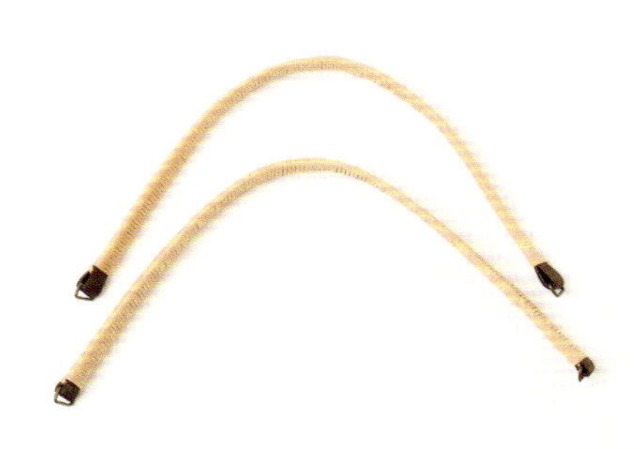

34. 同じものを2本作ります。

35. 端から2本目のCに持ち手を通し、32と同様に、縦ひもの先が隠れる位置でカットします。ボンドを先端までしっかりつけて差し込み貼ります。

36. 両端から2本目のCをすべて同様に処理し、持ち手をつけます。

37. もう1本のHの端を真ん中のAの中心に隠れるように洗濯ばさみで止め、続けて32と35で始末した縦ひもの上部にボンドをつけてHを貼ります。

38. 残っている縦ひもをHをまきこみながら外側に折り、32と同様にEの最終段の上から差し込みます。

39. 一周したらp26の35と同様に、Hの端が縦ひもに隠れる位置でカットして貼り合わせ、最後のAを始末したら完成です。

No.7 収納かご 作品写真／10ページ

・サイズ 底36×25cm、深さ22cm
・材料 12本幅紙バンド　こはく4,652cm（植田産業㈱パピエス）

用意する幅と本数

A	12本幅	95cmを9本	底で横に置き、側面に続くひも
B	12本幅	36cmを8本	底で横に置く短いひも
C	12本幅	84cmを13本	底で縦に置き、側面に続くひも
D	12本幅	25cmを2本	底を作る時にA・Bを並べて貼るひも
E	12本幅	125cmを8本	側面の編みひも
F	6本幅	125cmを15本	側面の編みひも
G	12本幅	128cmを2本	縁を始末するひも
H	12本幅	56cmを1本	持ち手になるひも
I	2本幅	180cmを1本	持ち手を巻くひも

裁ち方

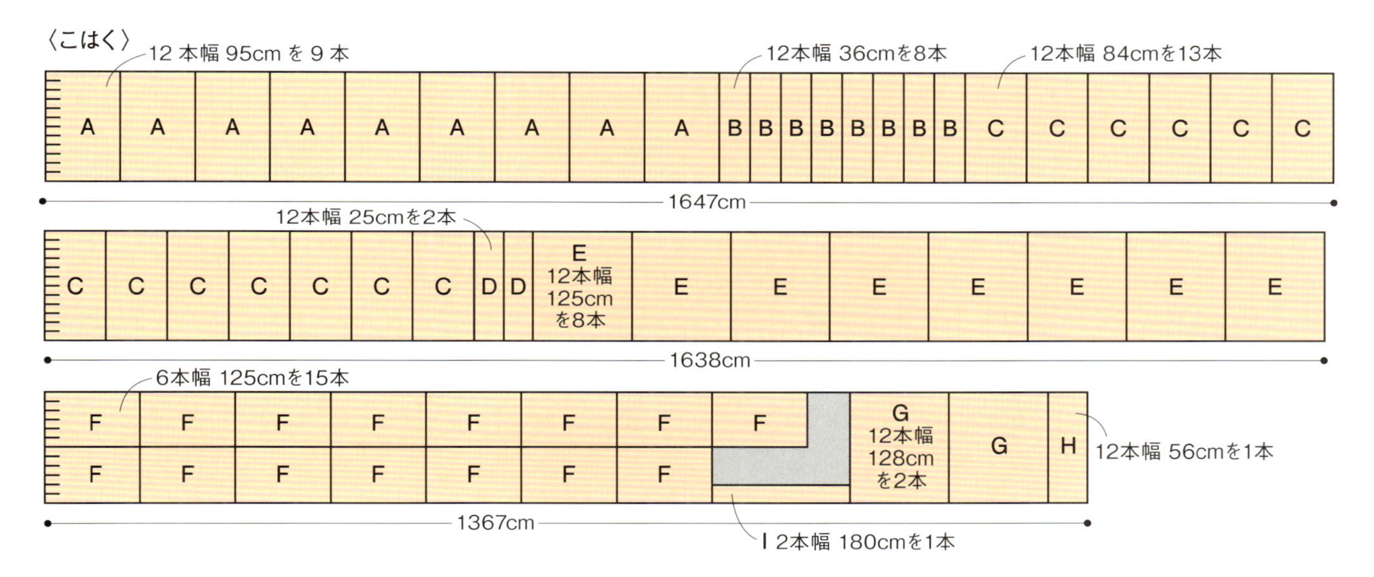

底を作る

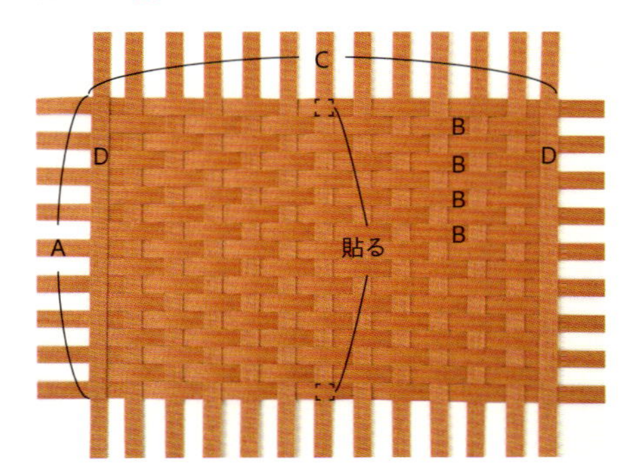

1. p17の1〜p18の5を参照して底を作り、裏返してDが見える状態で置きます。

側面を作る（輪編みをする）

2. p18の6と同様に側面を立ち上げ、真ん中Aの内側にEを洗濯ばさみで止め、7・8と同様に試し編みをして印をつけます。

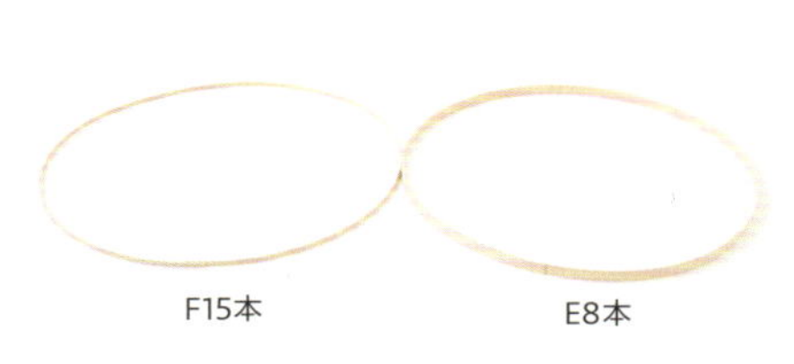

3. p18の9・10と同様にE8本とF15本、試し編みをしたひもと同じ位置に印をつけて輪を作ります。※二次元バーコードで輪編みの動画をご覧いただけます。

No.7 収納かご

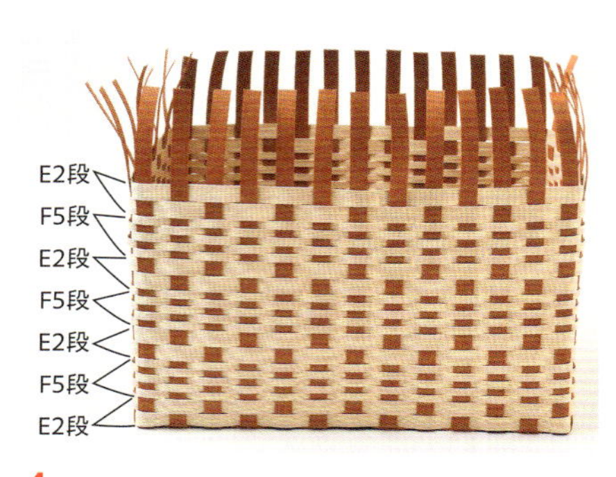

4.p18の12からp19の21を参照し、E2段、F5段を交互に3回ずつ編んだら、最後にE2段を編みます。

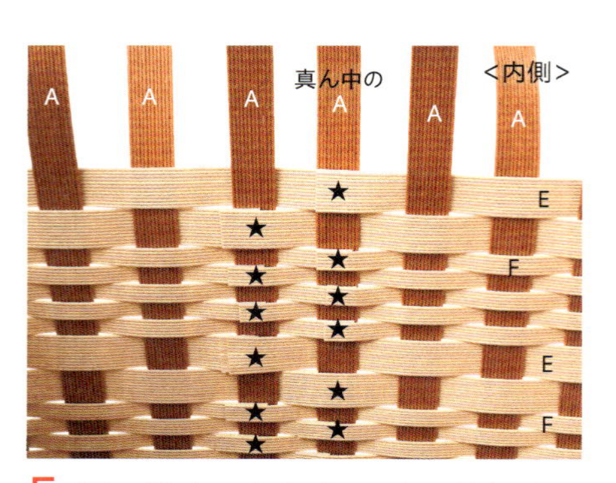

5.編み始めは真ん中のAと、外側から見てその右隣のAを交互にしながら編みます。EとFの編みひもを詰めて整え、角を折ります。

縁の始末をする

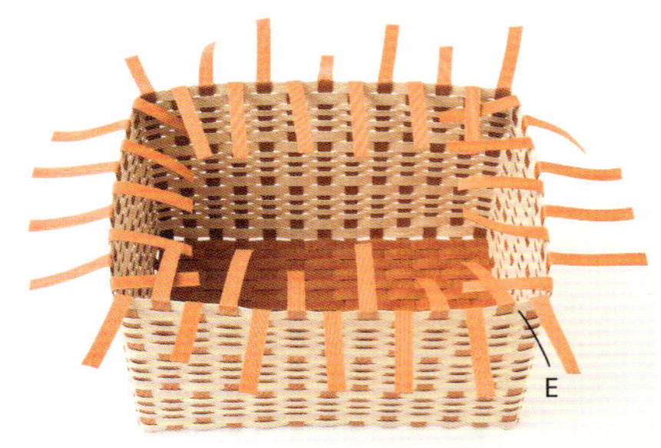

6.側面のすべての縦のひもを内側と外側に交互に折ります。縦のひもが折れる方向（最上段のEをくるむ方向）へ折ります。

7.p15の25〜27を参照し、折ったひもをすべて横ひもに通して処理します。

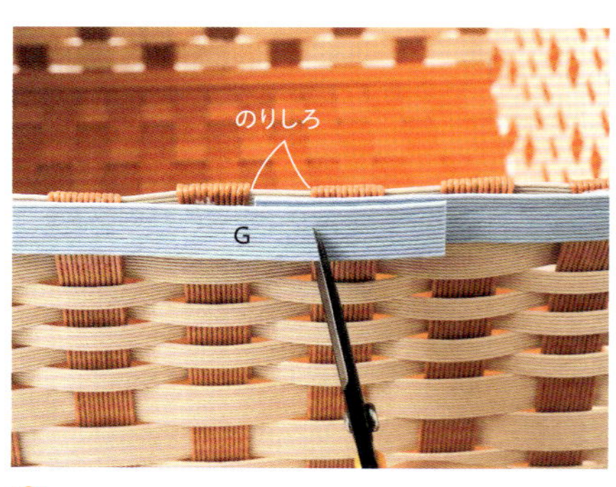

8.真ん中のAのひもの右端から、折りまげた縦ひもにボンドをつけ、最終段のEの上端にGの上端を合わせて一周貼ります。

9.洗濯ばさみでこまめに止めながらGを貼り、一周したら縦ひもの間で重なるように余分をカットして重ねて貼ります。

10. もう一本のGを内側に一周貼ります。真ん中のAの隣のひもの際に合わせて貼り始めます。

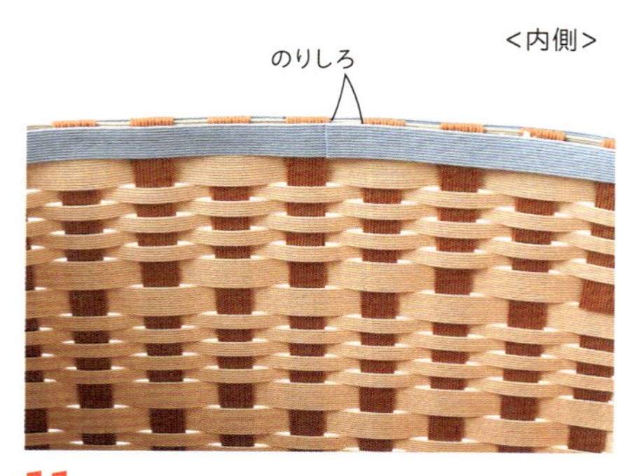

11.一周貼ったら同様に縦ひもの間で重ねて貼ります。

持ち手を作る

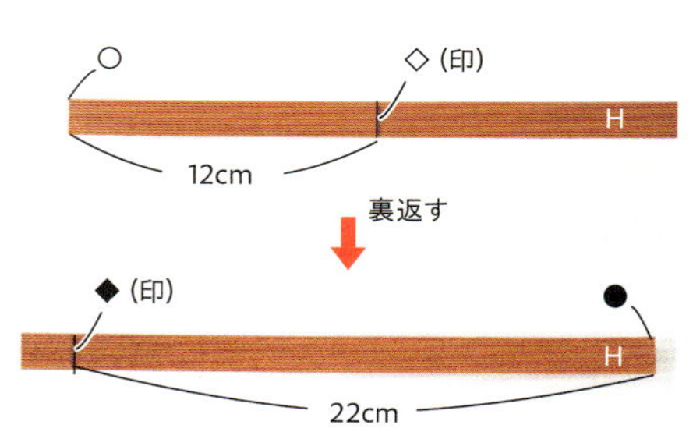

12.Hの片方の端から12cmにのところに印をつけます（◇）。裏返し、反対側の端から22cmのところに印をつけます（◆）。

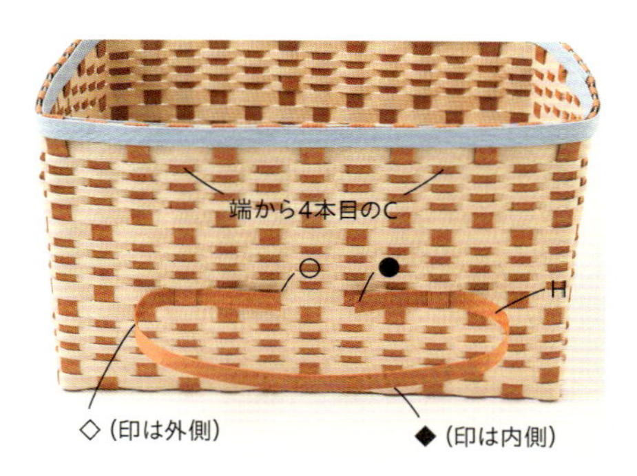

13.本体の下から9段目（E）、両端から4本目のCに、Hを通します。◇の印は外側、◆の印は内側に来るように通します。

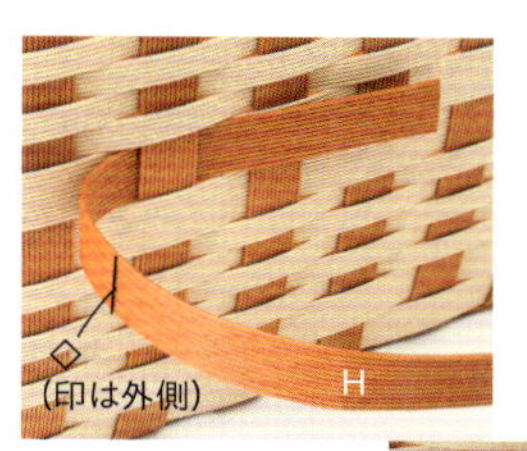

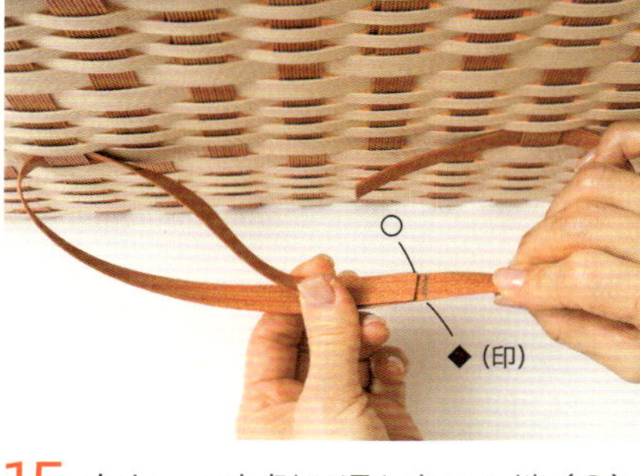

14.印の位置を確認しながら、本体にHを通しましょう。

15.向かって左側に通したHの端（○）を、反対側の端につけた印（◆）に合わせてのりしろ1.5～2cmで貼ります。

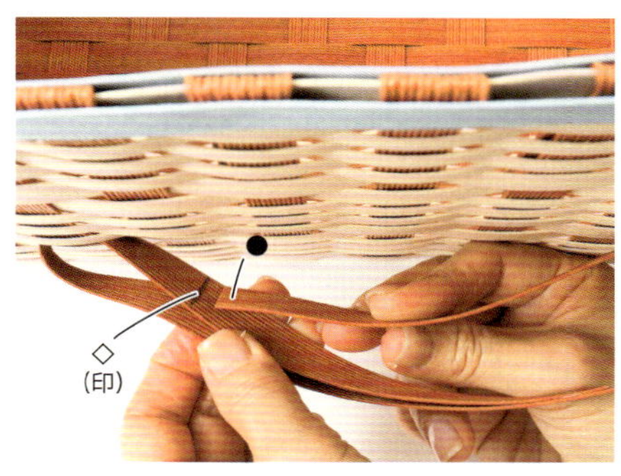

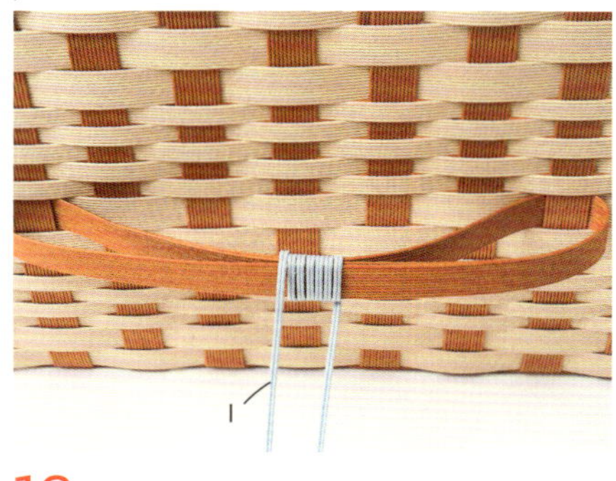

16.向かって右側に通したHの端（●）を、反対側の端につけた印（◇）に合わせてのりしろ1.5～2cmで貼ります。

17.Hの両端を貼りました。ボンドは全面につけずにHの端だけ貼れば大丈夫です。

18.Hの中央にIの中央を合わせてかけ、端に向かってねじれないように横にぴったりと並ぶようにして、しっかりと巻きつけます。

19.端まで巻いたら、持ち手内側の上端に合わせて、余分をカットします。

20.内側でIの端をHに貼ります。反対側も同様に巻き、持ち手内側の下端に合わせてカットして、Iの端をHに貼ります。

21.完成です。

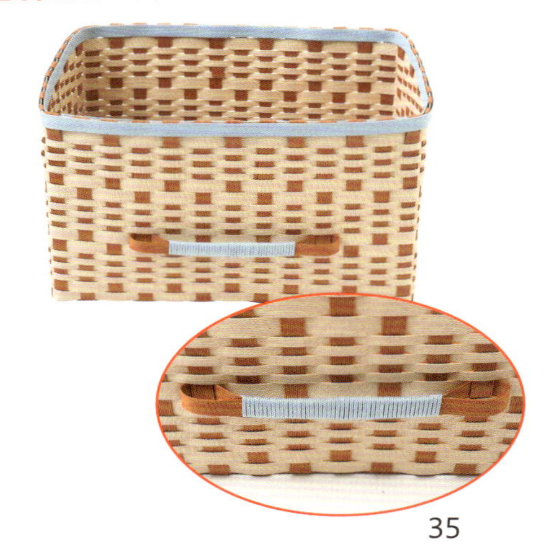

No.8 持ち手を倒せるバスケット 作品写真／11ページ

・サイズ 底32×23cm、深さ21cm
・材料 12本幅紙バンド　あんず4,032cm、白339cm（植田産業㈱パピエス）

用意する幅と本数（指定以外はあんずを使用）

	幅	長さ・本数	用途
A	10本幅	83cmを9本	底で横に置き、側面に続くひも
B	12本幅	32cmを8本	底で横に置く短いひも
C	10本幅	75cmを13本	底で縦に置き、側面に続くひも
D	10本幅	23cmを2本	底を作る時にA・Bを並べて貼るひも
E	6本幅	113cmを23本	側面の編みひも
F	6本幅	113cmを5本（白）	側面の編みひも
G	12本幅	113cmを2本	縁を始末するひも
H	2本幅	111cmを1本	厚みを補正するひも
I	2本幅	250cmを2本	側面の飾り編みのひも
J	3本幅	22cmを4本	丸カンを作るひも
K	10本幅	20cmを4本	持ち手をつけるひも
L	12本幅	92cmを2本	持ち手のひも
M	12本幅	70cmを2本	持ち手のひも
N	2本幅	675cmを2本	持ち手を巻くひも

※竹串4本を用意する。

裁ち方　〈あんず〉

A 10本幅 83cm を9本 | A | A | A | A | A | A | A | A | C 10本幅 75cm を13本 | C | C | C | C
H 2本幅 111cmを1本　I 2本幅 250cmを2本　N 2本幅 675cmを2本　下段に続く→
1122cm

10本幅 23cmを2本　10本幅 20cmを4本　6本幅 113cmを23本
C | C | C | C | C | C | C | C | D | D | K | K | K | K | E | E | E | E / E | E | E
→Nの続き　N
1178cm

12本幅 32cmを8本
E | E | E | E | E | E | E | E / E | E | E | E | E | E | E | E | B | B | B | B | B | B | B | B
1160cm

3本幅 22cmを4本
G 12本幅 113cm を2本 | G | J J J J | L 12本幅 92cm を2本 | L | M 12本幅 70cm を2本 | M
572cm

〈白〉

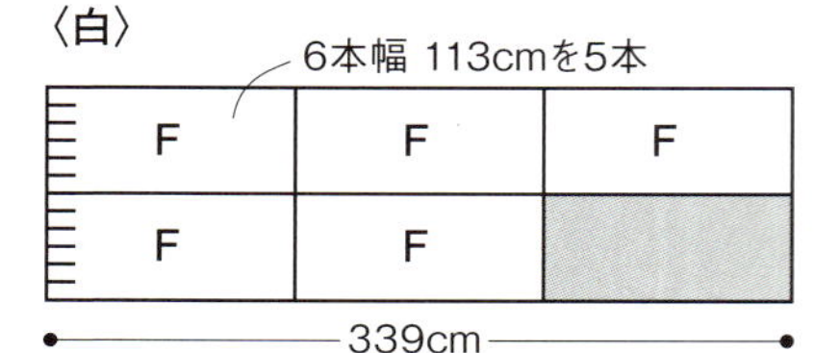

底を作る

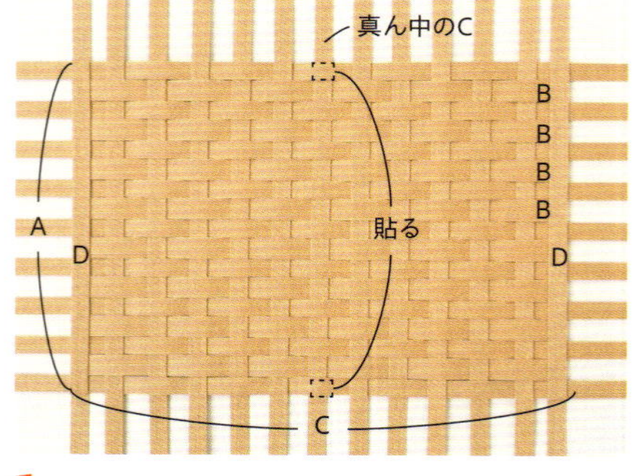

1. p17の1〜p18の5を参照して底を作り、裏返してDが見える状態で置きます。

側面を作る（輪編みをする）

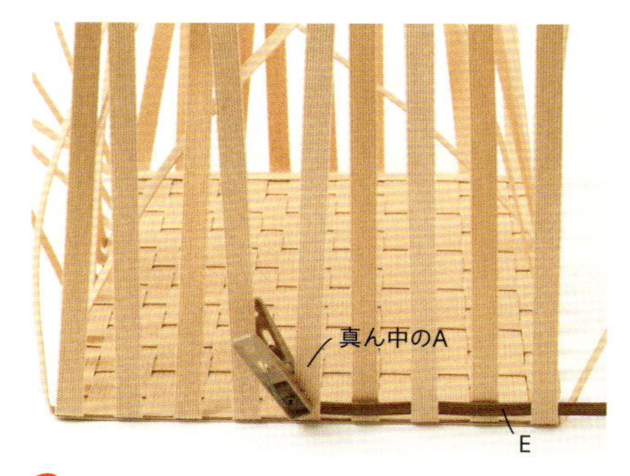

2. 側面を垂直に立ち上げ、p18の6〜10と同様に真ん中のAの内側にEを洗濯ばさみで止め、試し編みをします。

編み方の動画はこちらからご覧下さい

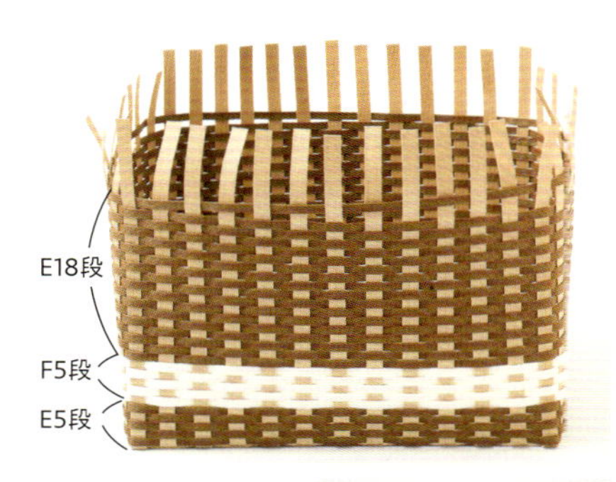

3. E23本とF5本で輪を作り、p18の12からp19の21を参照し、E5段、F5段、E18段輪編みをします。

E23本　F5本

4. 編み始めののりしろは★のように、端から2本目のAで折り返しながら1本ずつずらします。※右上の二次元バーコードで輪編みの動画をご覧いただけます。

5. 編みながら角を折るのではなく、すべて編んだ後に角に折り目をつけることで、きれいな角になります。

縁の始末をする

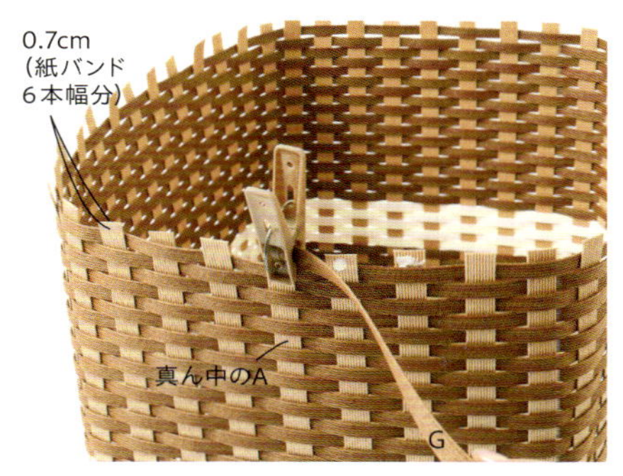

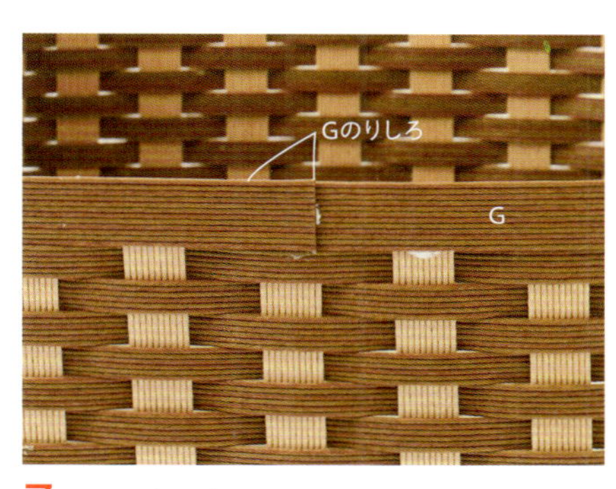

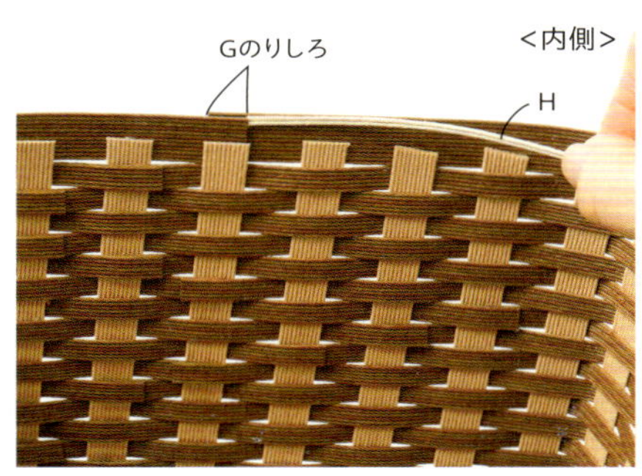

6. 縦ひもを最終段の上端から約0.7cm（紙バンド6本幅分）残して切り、真ん中のAの左端にGの端を当て、縦ひもの端にボンドをつけて貼ります。

7. 一周貼ったらのりしろ1～1.5cmになるように余分をカットし、Gの端同士を貼り合わせます。

8. 内側上端にHを貼ります。貼り始めはGののりしろの段差に合わせ、終わりは突き合わせます。

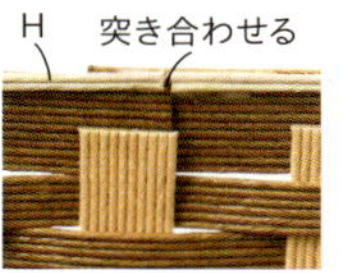

飾り編みをする

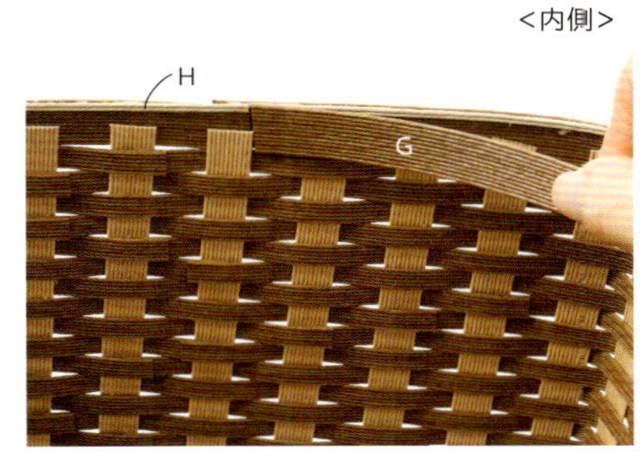

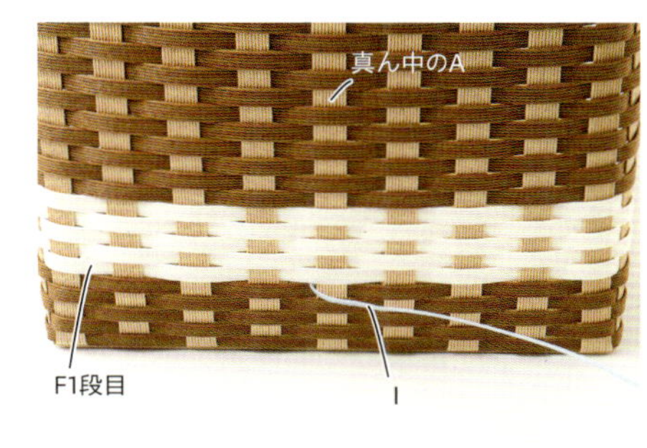

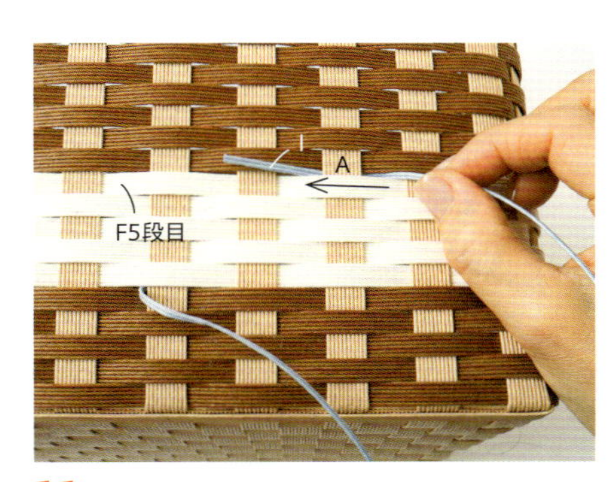

9. 内側に残りのGを、Hと同じ場所から貼り始め、一周したらのりしろ1～1.5cmになるように余分をカットし、貼り合わせます。

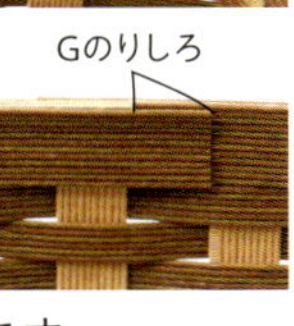

10. Iを真ん中のAの左側、F1段目の下の間に外側から内側へ通し、端は内側で真ん中のAに貼ります。

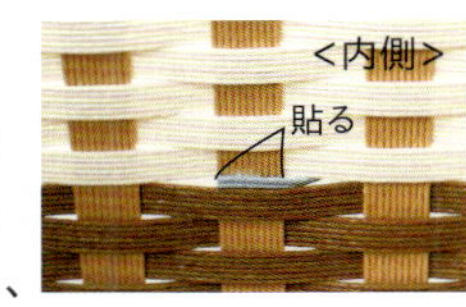

11. 外側に出ているIを縦ひも1本分とばし、F5段目の上の間にAの右から左へ通します。

No.8 持ち手を倒せるバスケット

12.続けて縦ひも1本分飛ばし、F1段目の下の間に縦ひもの右から左へ通します。スパチュラで広げると編みやすいです。

13.同様に、縦ひも一本分飛ばしながら、F5段目の上、F1段目の下の間を縦ひもの右から左へ順番に通します。

14.最後はすでにかかっているひもの下をくぐらせ、編み始めのひもの反対側の間に入れます。

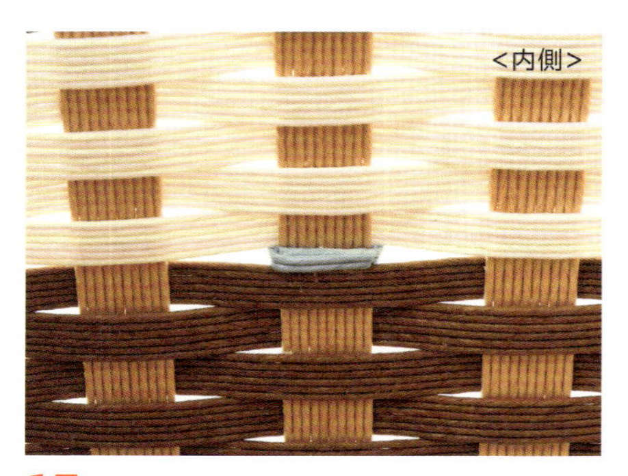

15.内側で紙バンド1本分重ねて貼ります。

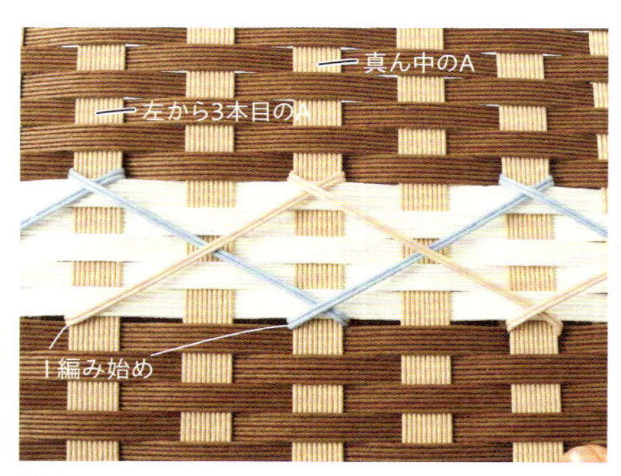

16.もう1本のIで同様に一周飾り編みをします。左から3本目のAから編み始めます。※右上の二次元バーコードで飾り編みの動画をご覧いただけます。

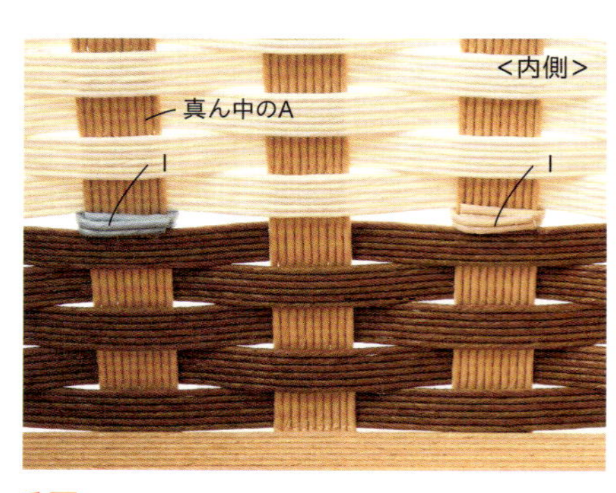

17.一周編み、14・15と同様に内側でI同士を貼り合わせます。

丸カンを作る

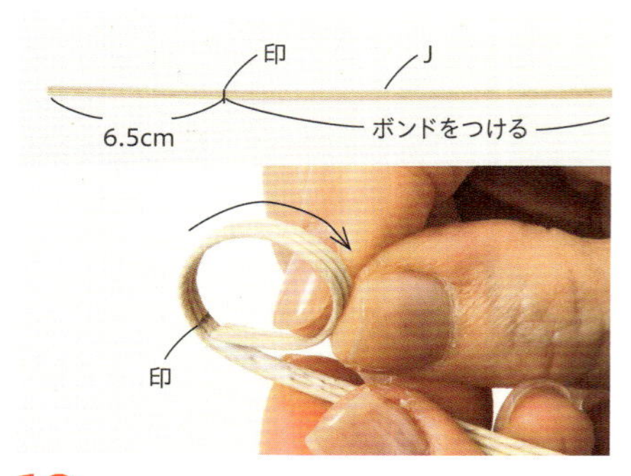

18.Jの左端から6.5cmのところに印をつけ、印から右側の全面にボンドをつけ、Jの端を印に合わせて巻きます。

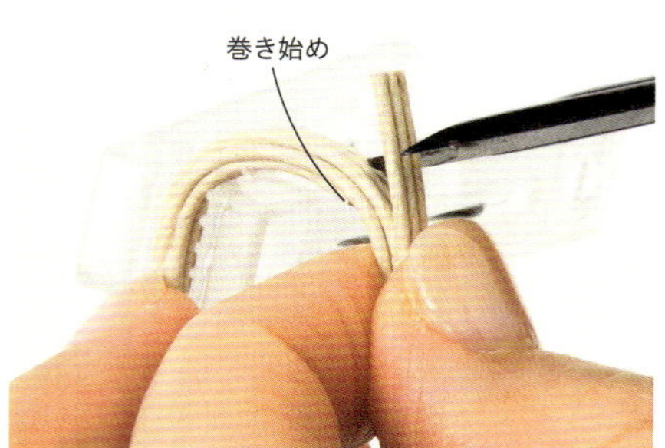

19.3重巻いたら巻き始めの位置で余分をカットします。同じものを4つ作ります。

持ち手を作る

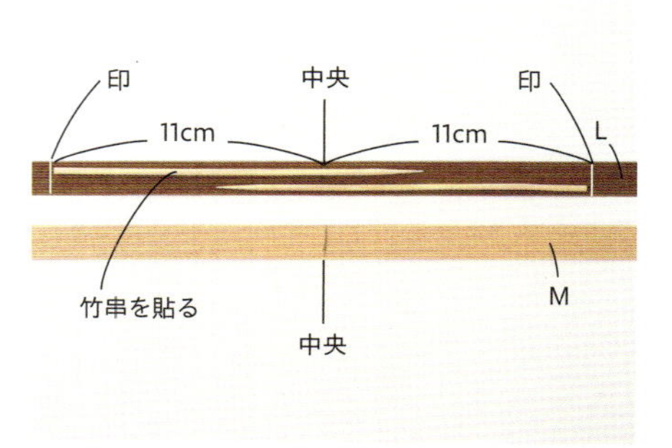

20.Lの中央とその両側11cmのところに印をつけ、竹串の太い方の端を印に合わせて2本貼ります。Mは中央のみ印をつけます。

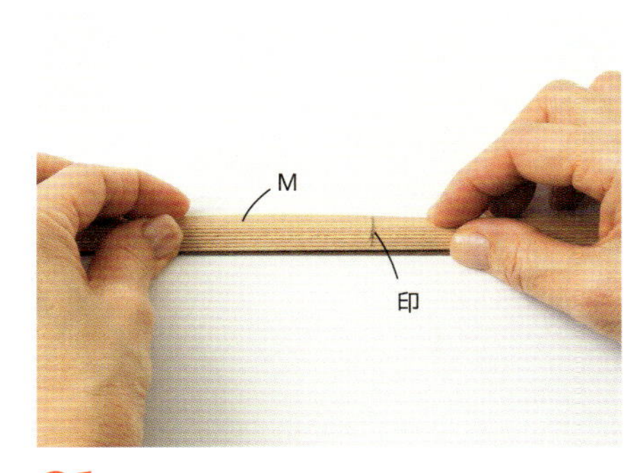

21.竹串を貼ったLの上にMを、中央の印を合わせて貼ります。Mの印が外側になるように、そして竹串を包むようにカーブさせて丸めながら貼ります。

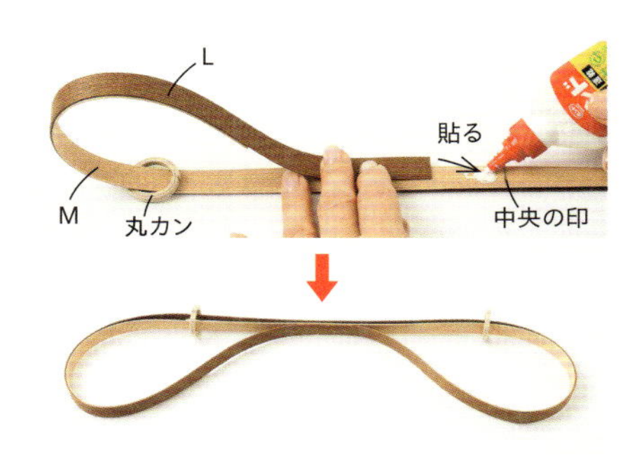

22.両側にp38の19で作った丸カンを通し、Mの中央の印に合わせて折り返して貼ります。反対側も同様に貼って中央で突き合わせます。

23.Nを半分に折って持ち手の中央に掛け、端に向かってしっかりと巻き、端から1.5cm手前で止まります。

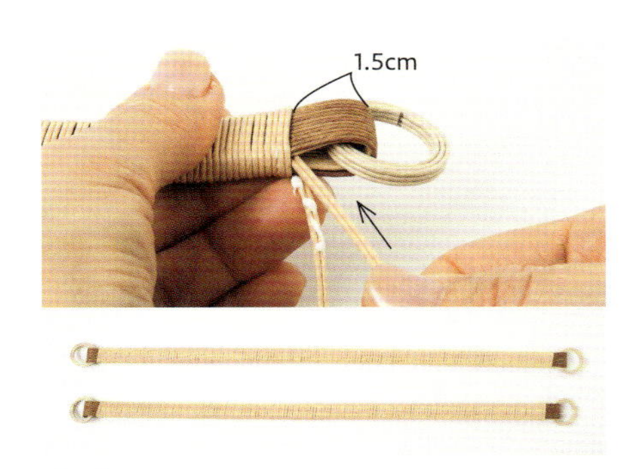

24.Nに一周半分ボンドをつけ、最後に一巻きした後、持ち手の間に通して貼り、余分をカットします。同様に2本作ります。

25.Kを丸カンに通し、二つ折りにして貼り合わせます。

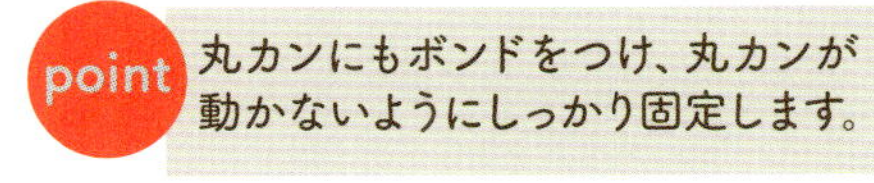

point 丸カンにもボンドをつけ、丸カンが動かないようにしっかり固定します。

26.Kの後側全面にボンドをつけて、端から4本目のCに差し込みます。丸カンの上部を本体の上端に合わせます。

27.持ち手を竹串のところで折り、形作って反対側も同様にKを本体に差し込み、持ち手をつけます。

28.この時、持ち手を倒して本体の形に合うかを確かめながら折ります。もう一本の持ち手も同様に取りつけます。

29.完成です。

point 丸カンとKをしっかり固定し、さらにKを本体にしっかり固定することで、持ち手がスムーズに動きます。

part 2 編み地を楽しむ かごとバッグ

アレンジして楽しめるかごのほか、あじろ編みも登場します。

No.9・10・11 角型のミニバスケット

紙バンドの色を変えたり、持ち手・縁飾りのアレンジをした3種類のバスケット。
No.9はふちと側面の一部にピンク色を使いました。
No.10は1色使いで、縁飾りをプラス。
No.11は持ち手なしで、縁飾りつき。好みで選んで作れます。

作り方50ページ
サイズ／底20×10cm、深さ6.5cm

No.12 ハートのかご

ハート形の、小さくてかわいらしいかご。
底を編まずに貼り合わせて作ることで好きな形で作れます。プレゼントにもぴったり。

作り方54ページ
サイズ／底14×11cm、深さ5cm

No.13・14・15・16 丸底のかご

深さや縁、色を変えて作る4種類のかご。No.13はNo.14に縁飾りをプラスして深く作りました。
No.15・16は縁に3本なわ編みをして、No.16は浅くして縁の色を変えています。
丸底を編むのを頑張れば、側面に輪編みなのでかんたんです。

作り方58ページ
サイズ／底直径14cm、深さ…No.13・15／15cm、No.14・16／7cm

No.17

No.18

No.17・18 ベーシックなかご

だ円底の素朴でシンプルなかご。
No.17は1色で編んで持ち手を1本つけ、
No.18は側面に2色使って、持ち手を2本つけました。
どちらも本体の作り方は同じで、
縁飾りもポイントになっています。

作り方63ページ
サイズ／底20×16.5cm、深さ10cm

No.19・20 あじろ編みのダストボックス

かすり染の紙バンドが目を引く、あじろ編みのダストボックス。
底を貼って作ることで、初心者でもかんたんにあじろ編みを楽しめます。
No.20は、No.19と同じ作り方で縦ひも3本分を飛ばしながら編んでいき、
やや大きめのサイズ感。どちらも縁飾りをして仕上げます。

作り方70ページ

サイズ／No.19…底14×14cm、深さ21cm
No.20…底18×18cm、深さ25cm

No.19

No.20

No.21・22 あじろ編みのバッグ

あじろ編みで作る手さげバッグ。No.21は12本幅の紙バンド2色を使って編みます。
No.22は1色使いで、上にいくほど細い編みひもを使うことで波あじろの模様を出しました。
上品な雰囲気で、日常使いからちょっとしたお出かけまで活躍しそう。

作り方76ページ

サイズ／底26×13cm、深さ21cm

No.21

No.22

No.9　No.10　No.11

No.9・10・11 角型のミニバスケット

作品写真／40・41ページ

・サイズ 底20×10cm、深さ6.5cm
・材料 12本幅紙バンド
　にゅうはく　No.9・11=780cm、No.10=1031cm
　さくら　No.9・11のみ　210cm（蛙屋）

用意する幅と本数（No.10のすべてとNo.9・11の指定以外はすべてにゅうはくを使用。）

A　8本幅　42cmを5本　底で横に置き、側面に続くひも
B　12本幅　20cmを4本　底で横に置く短いひも
C　8本幅　33cmを9本　底で縦に置き、側面に続くひも
D　8本幅　11cmを2本　底を作る時にA・Bを並べて貼るひも
E　4本幅　No.9・11=420cmを1本、280cmを1本
　No.10=420cmを2本
　側面の編みひも
E'　4本幅　140cmを1本（さくら）
　側面の編みひも（No.9・11のみ）
F　8本幅　70cmを3本　（No.9・11はさくらを使用。）
　縁を始末するひも
G　2本幅　150cmを1本 縁飾りのひも（No.10・11のみ）
H　8本幅　31cmを2本　持ち手のひも（No9・10のみ）

裁ち方　※No.9・11と、No.10で裁ち方がが変わります。

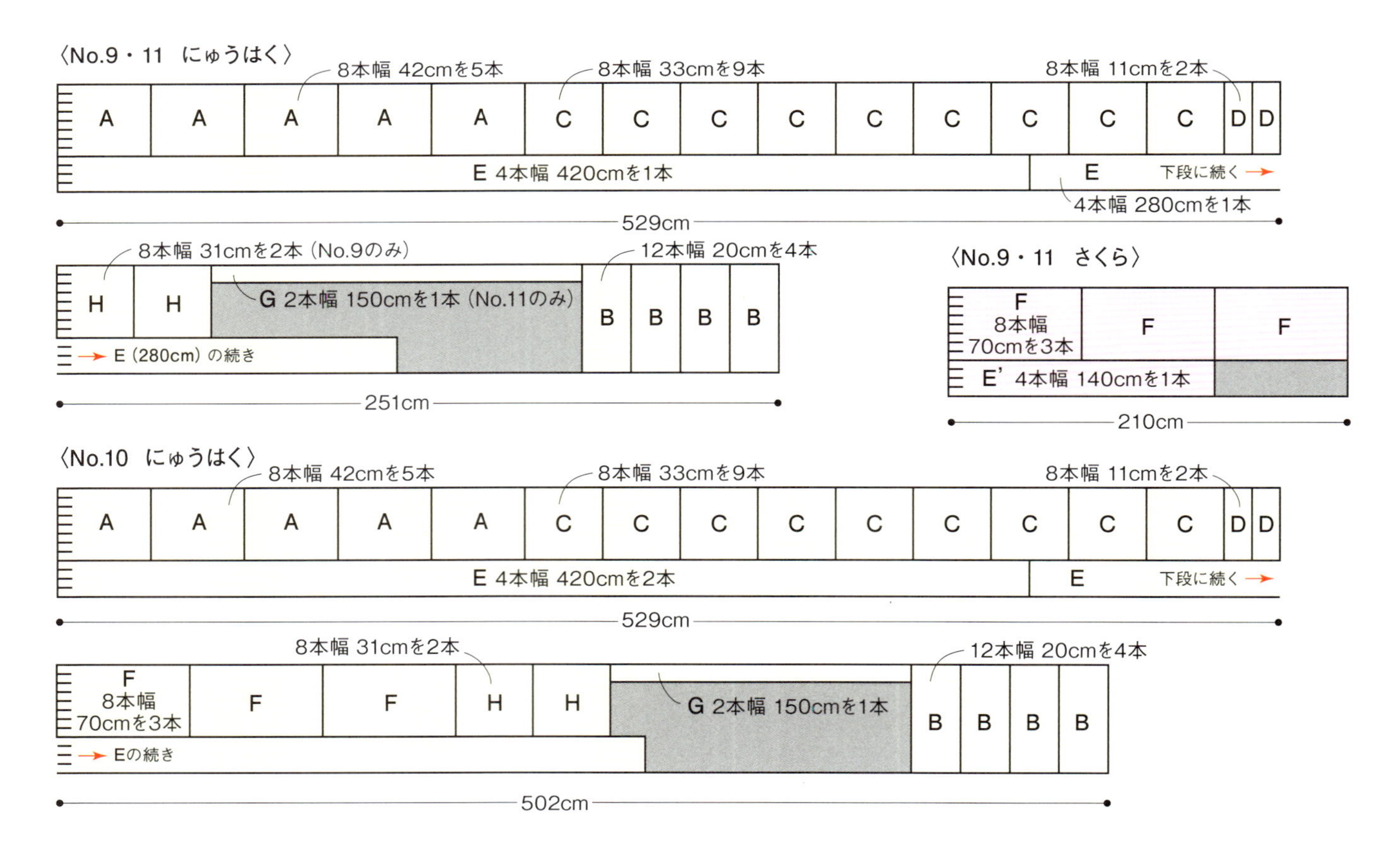

編み方の動画はこちらからご覧下さい

底を作る

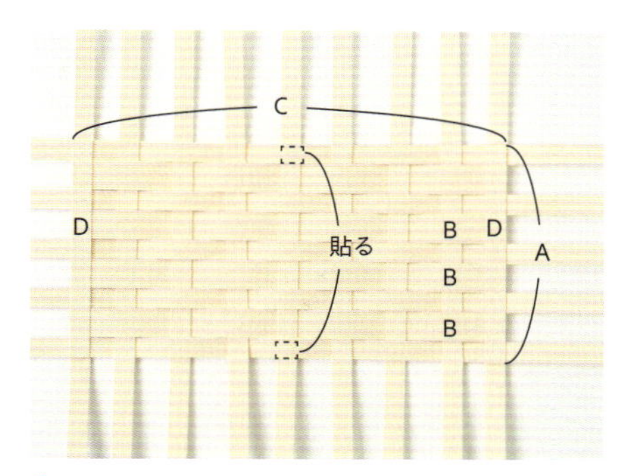

1. p17の1～p18の5を参照して底を作り、裏返してDが見える状態で置き、側面を垂直に立ち上げます。

側面を作る（追いかけ編みをする）

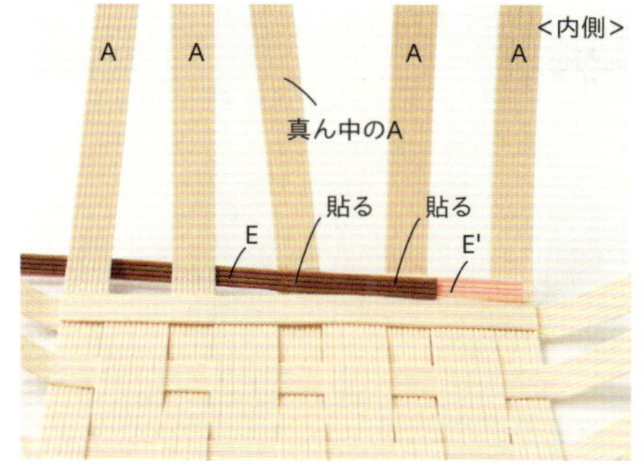

2. No.9・11は、E（420cm）を真ん中のAに、E'を外側から見て左隣のAの内側に貼り、端は隣の紙バンドの端に合わせます。No.10はE（420cm）2本を1本ずつ貼ります。

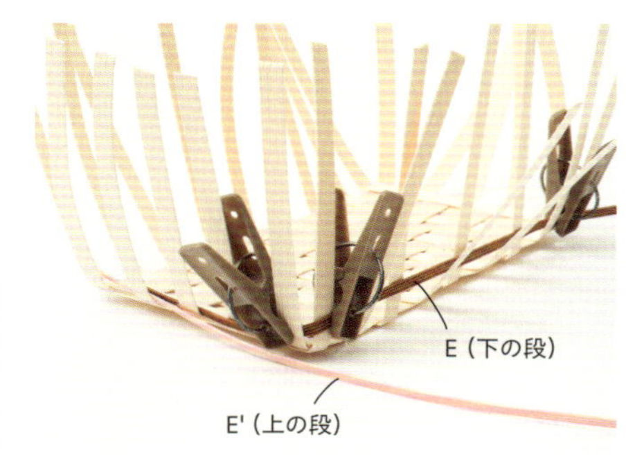

3. p 23の6 ～ 12を参照し、No.9・11はE（下の段）とE'（上の段）で、No.10はE2本で追いかけ編みをします。

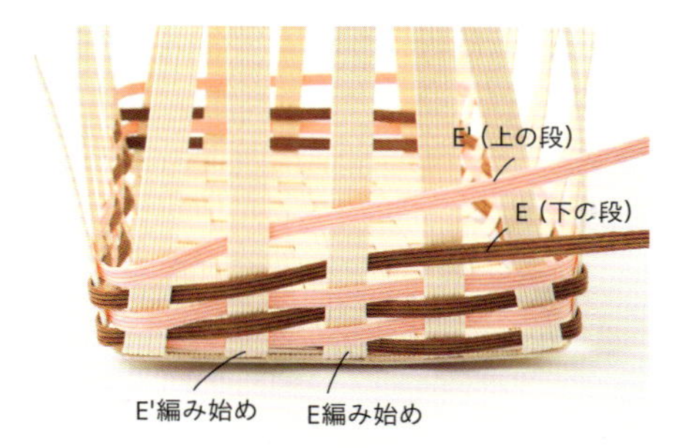

4. No.9・11は2周・4段編んだら編み始めた位置で止まります。No.10は4～6の工程を省き、7に進みます。全部で6周・12段編みます。

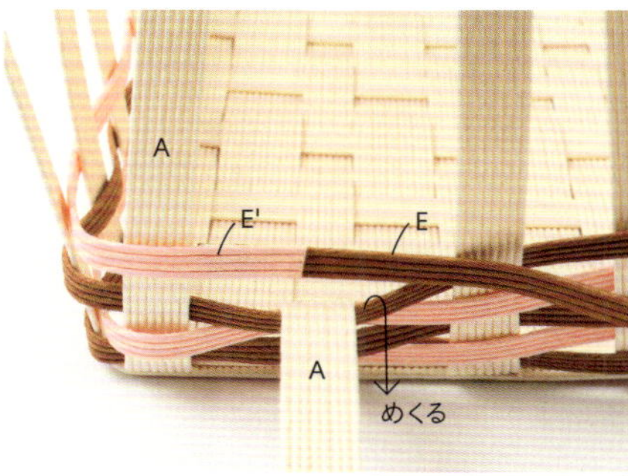

5. 左から2本目のAをめくり、内側でE'をカットし、E（280cm）を貼ります。（No.9・11のみ）

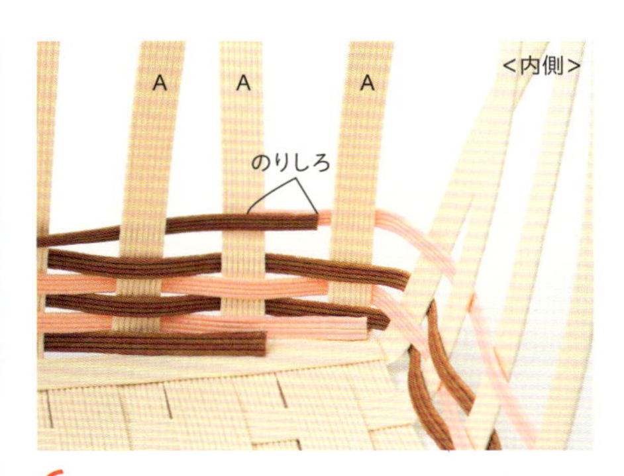

6. のりしろは1.5cm程度です。続けて追いかけ編みを4周・8段編みます。
※右上の二次元バーコードで追いかけ編みの動画をご覧いただけます。

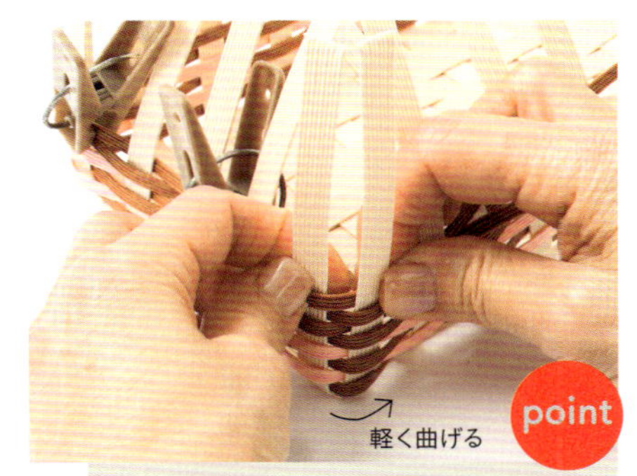

7. 角は、縦ひもを垂直にした状態で、編みひもを折らずに軽く曲げます。

8. 追いかけ編みはつぼまったり広がったりしやすいので、常に縦ひもがまっすぐになるように意識しながら編むと、きれいな形になります。

9. 編み始めた位置で止まり、E（下の段）を2本先のA（右端のA）の手前でカットし、編みひもを内側に入れ、編み地に上端をそろえて貼ります。

No.9・10・11 角型のミニバスケット

10. E（上の段）を、E（下の段）と同じ場所でカットし、編みひもを内側に入れ、E（下の段）に重ねて貼ります。編み始めもp24の18を参照して内側で編み地に重ねて貼ります。

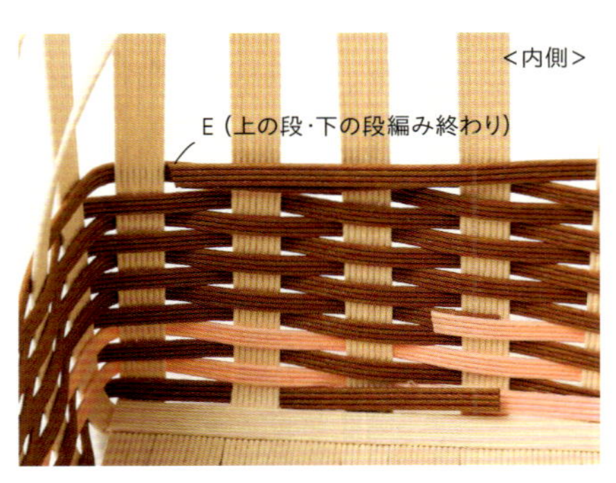

11. 処理が終わったら角に折り目をつけて角型にします。

point 後から折り目をつけることで角がきれいに出ます。

縁の始末をする

12. 真ん中のAの内側にFを止め、p15の22・23を参照し、縦ひもの外側と内側に通し、最後はのりしろ1～1.5cmになるようカットして貼ります。

13. 編みひもを詰めて整え、側面の縦ひもを内側と外側に、縦のひもが折れる方向（Fをくるむ方向）へ折ります。

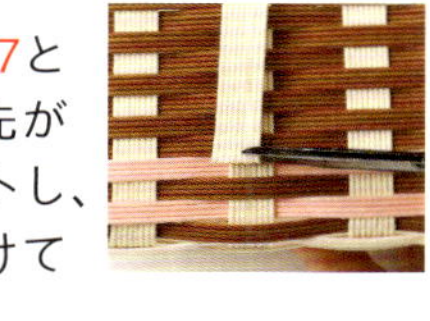

14. p15の25～27と同様に、縦ひもの先が隠れる位置でカットし、根元にボンドをつけて差し込みます。

持ち手を作る
（No.9・10のみ。No.11は23に進む。）

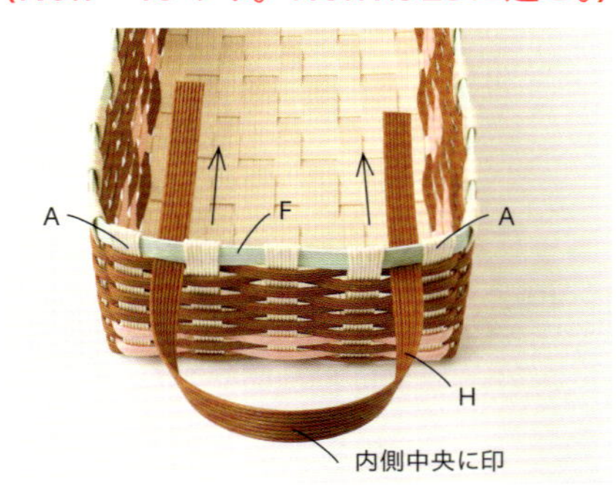

15. Hの中央に印をつけ、Fの下端・両端のAの内側に通します。中央の印が内側に来るように通します。

16. 中央の印でHの端を突き合わせて、まず中央部分を貼ります。

17. 残りの部分も両側に向かってH同士を貼り合わせます。

18. Fの縁ひもにもボンドをつけて、本体とHをしっかり貼り合わせます。

19.ボンドが乾く前に持ち手を形作ります。反対側も同様に作ります。

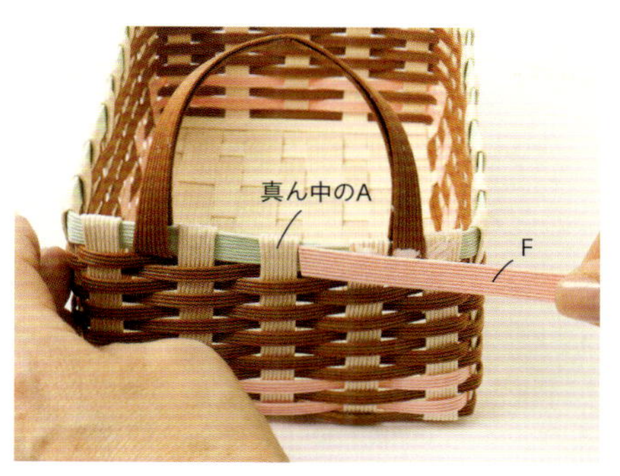

20.p16の31・32と同様に縦ひもの上部にボンドをつけ、真ん中のAの際にFの端を合わせて一周貼り、のりしろ1～1.5cmになるようカットして貼ります。

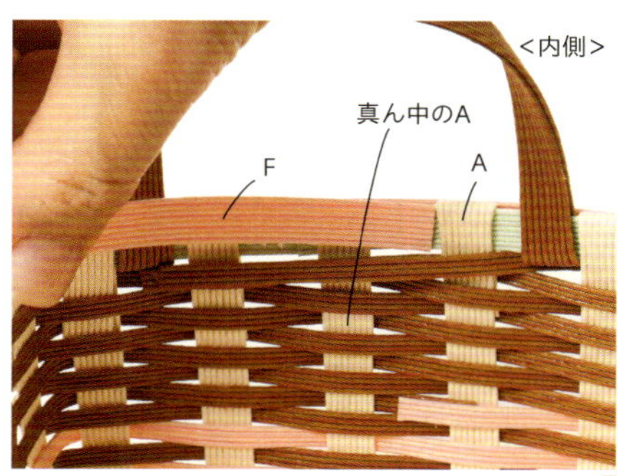

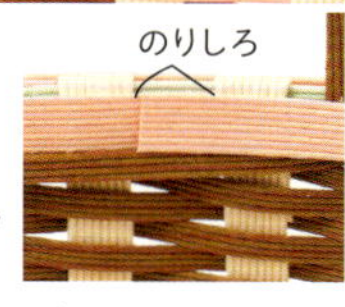

21.残りのFを、内側の右から2番目のAの際に合わせて一周貼り、のりしろ1～1.5cmになるようカットして貼ります。

22.No.9ができました。

縁飾りをする（No.10・11のみ）

23.Aの右から2・3本目の間の内側にGの端を洗濯ばさみで止め、反対の端をAの右隣・Fの下端の間に外側から内側へ通します。

24.ねじれないように注意し、同様に外側から内側へ、縦ひもの左上から右下にななめにかかるように通します。大きめの輪を何個か作って少しずつ引き締めるとねじれにくくなります。

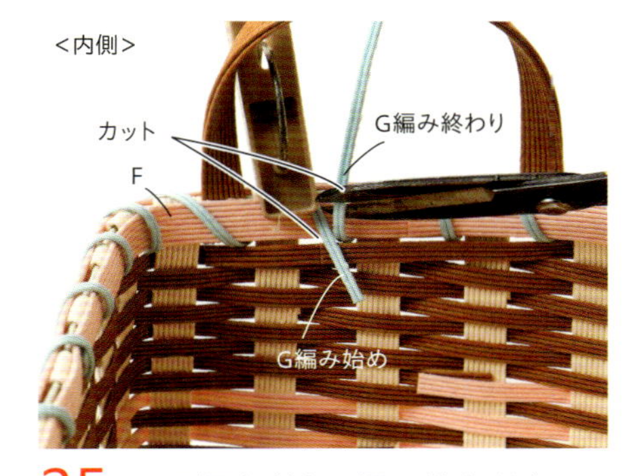

25.一周編んだら、編み終わりをFの中心あたりでカットし、編み始めはFの下端に合わせてカットします。

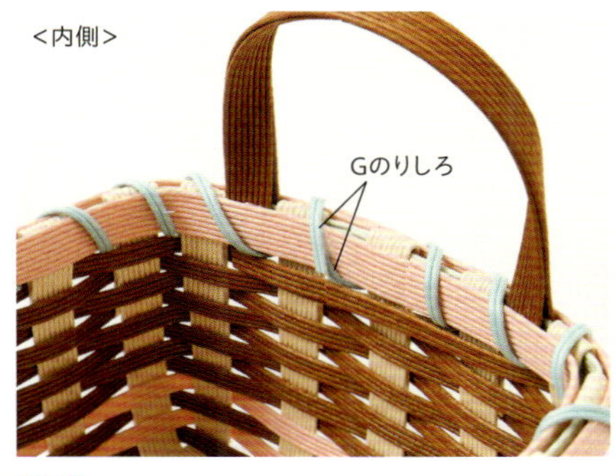

26.編み始めと編み終わりのひも同士を重ねてボンドで貼ります。

27.No.11の完成です。

No.12 ハートのかご 作品写真／42ページ

・サイズ 底14×11cm、深さ5cm
・材料 12本幅紙バンド　白665cm（植田産業㈱パピエス）

用意する幅と本数

A　12本幅　130cmを2本　底に貼るひも
B　8本幅　12cmを17本　側面に立ち上がる縦のひも
C　4本幅　405cmを1本　側面の編みひも
D　8本幅　50cmを3本　縁を始末するひも
※A4サイズのケント紙1枚を用意する。

裁ち方

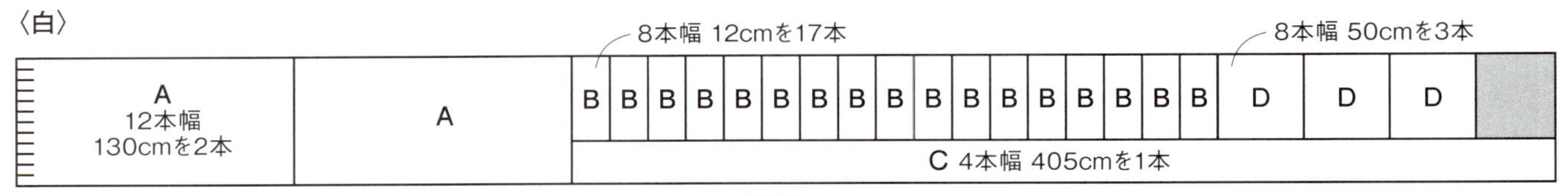

底の実物大型紙

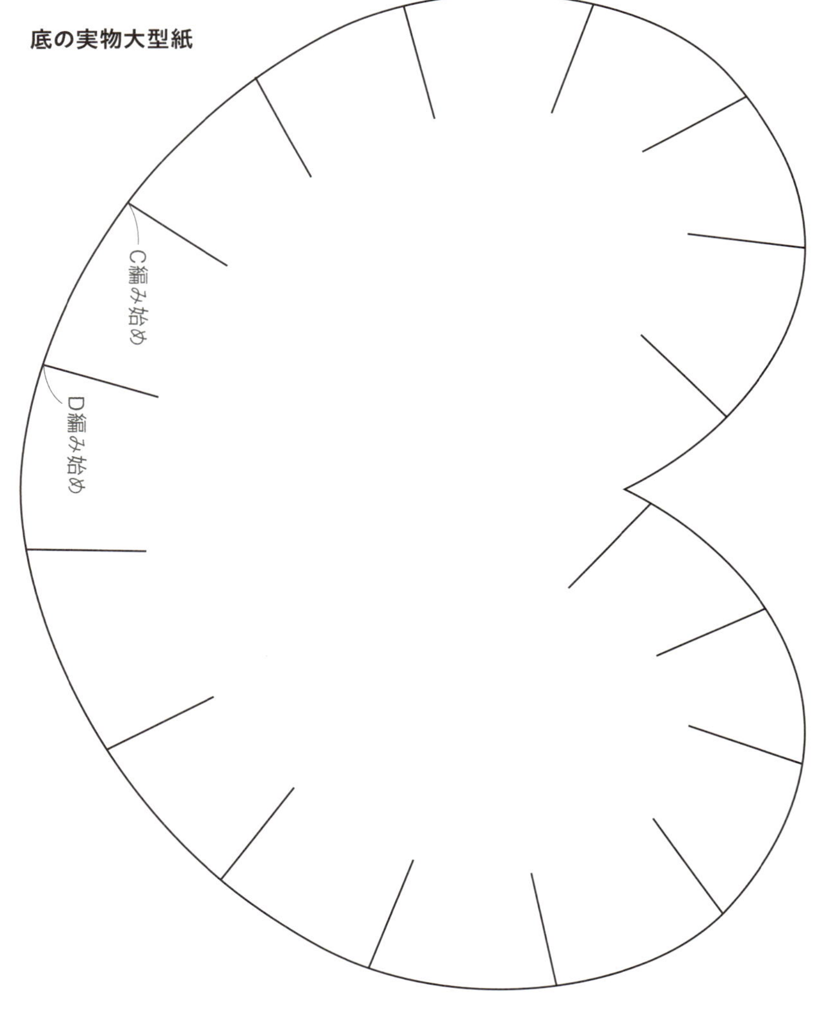

底を作る

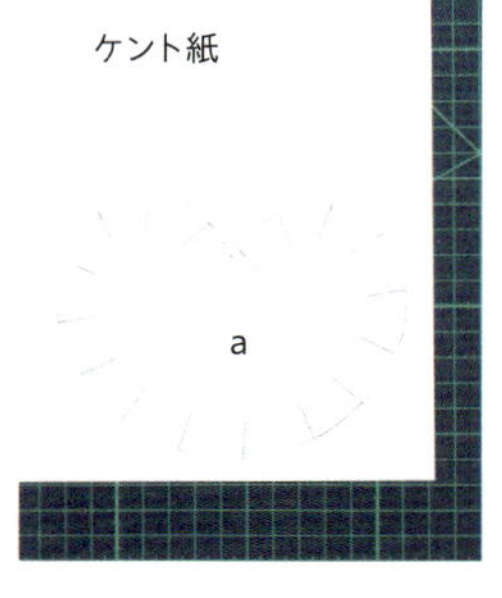

1. 底の実物大型紙をコピーしてハートの輪郭に沿って切り、ケント紙に貼ります。再度ハートの輪郭をカットします。これが底外側（a）になります。

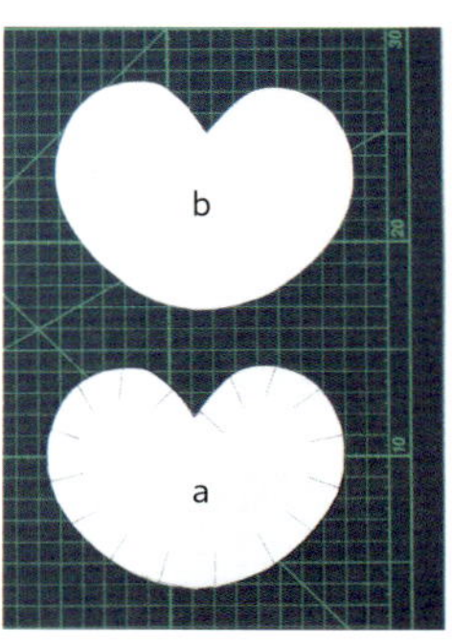

2. 1で作った底外側（a）をケント紙に置き、ハートの輪郭をなぞります。ケント紙をハートの形通りにカットします。これが底内側（b）になります。

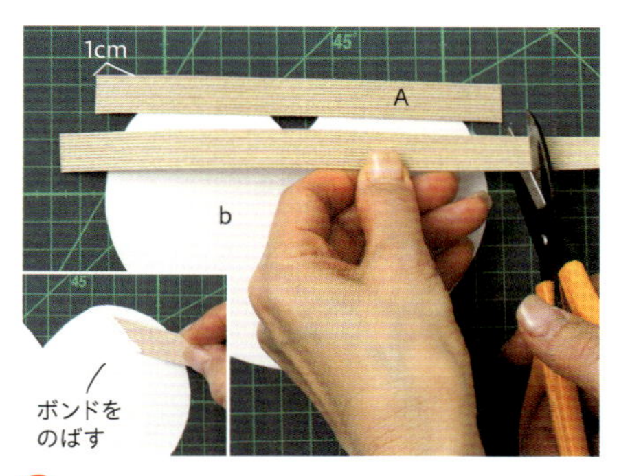

3.底内側（b）にボンドを薄くのばし、Aの端をケント紙から約1cm出して水平方向にすき間なく貼ります。

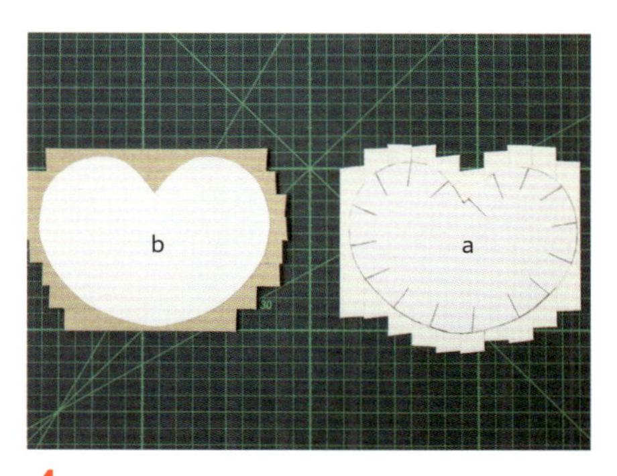

4.同様に底外側（a）には線のない面に縦に並べて貼ります。

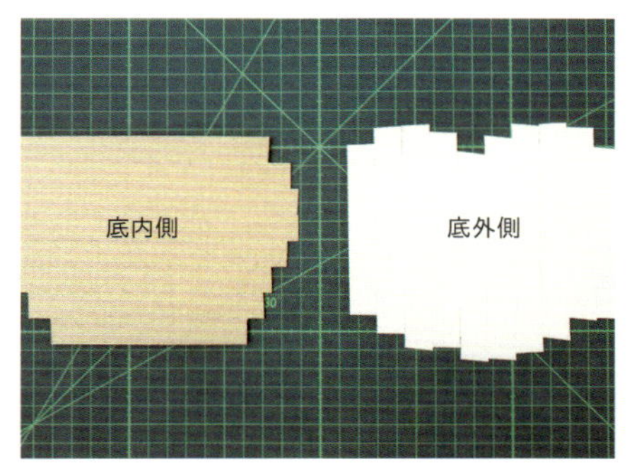

5.表から見た所。横に並べて貼ったもの（b）が底内側、縦に並べて貼ったもの（a）が底外側になります。

6.2枚とも、ケント紙からはみ出しているAをカットします。

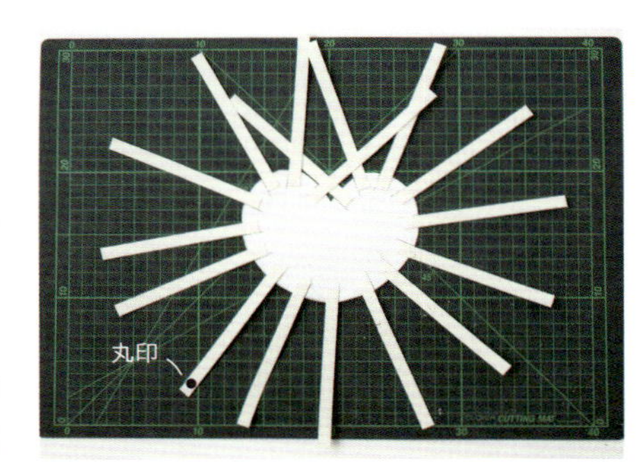

7.底外側の裏の、印の右側にBを合わせて貼ります。Bの左端を印の線に合わせます。

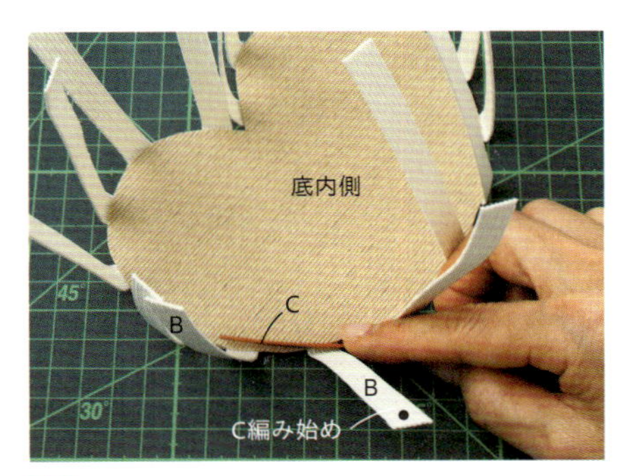

8.型紙の印の位置に、Bを同様にすべて貼ります。C編み始めの所に貼ったBの先端に丸印をつけます。

側面を作る

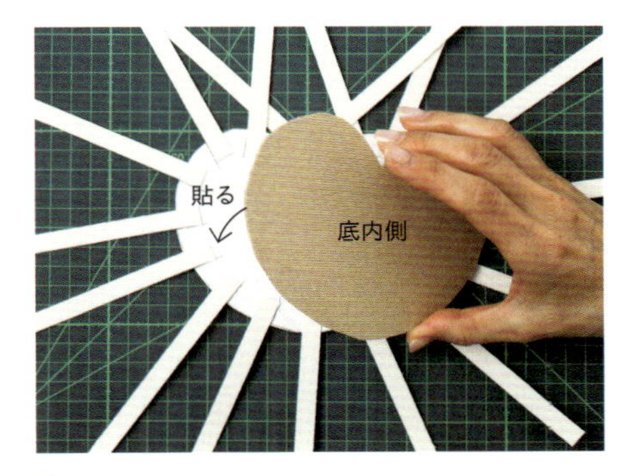

9.底内側を外表に重ね、ボンドでしっかりと貼り合わせます。

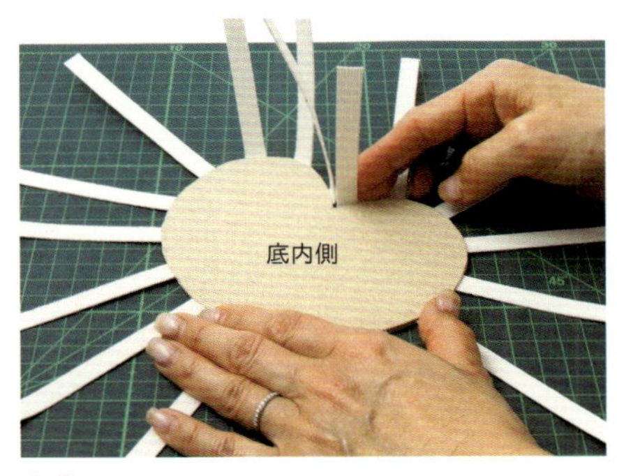

10.Bを底の周囲に合わせて垂直に立ち上げます。

11.8で先端に丸印をつけたBの内側に、Cをボンドで貼ります。Cの先端は左隣のBの端に合わせます。

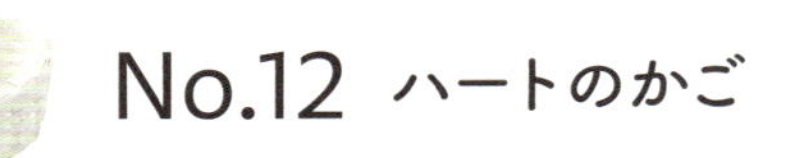

No.12 ハートのかご

編み方の動画はこちらからご覧下さい

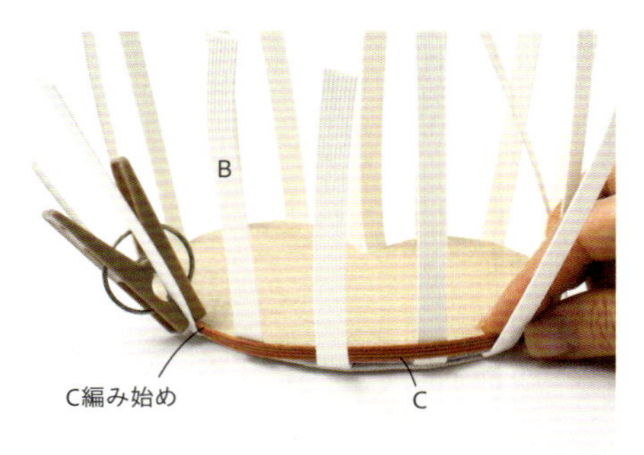

12.側面の縦ひもの内側と外側を交互に通します。

引っ張りすぎないように、底の形に合わせて編みます。

13.くぼんだ部分はその都度折り目をつけ、洗濯ばさみでこまめに止めながら編みます。※右上の二次元バーコードで側面を編む動画をご覧いただけます。

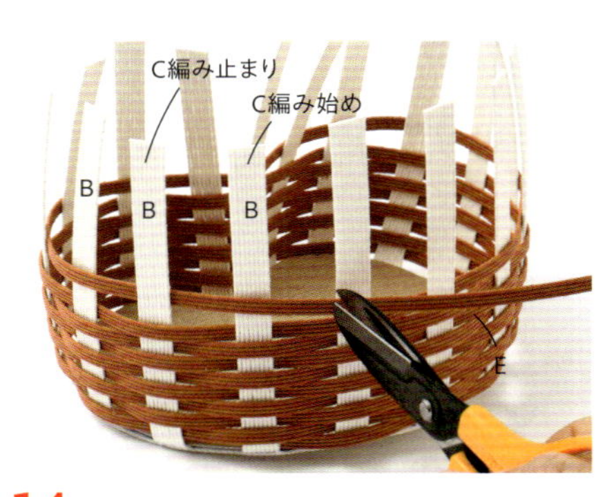

14.Cで9段編んだら、C編み始めの1本手前で編み止まり、2本先の縦ひもBの手前の際でカットします。

縁の始末をする

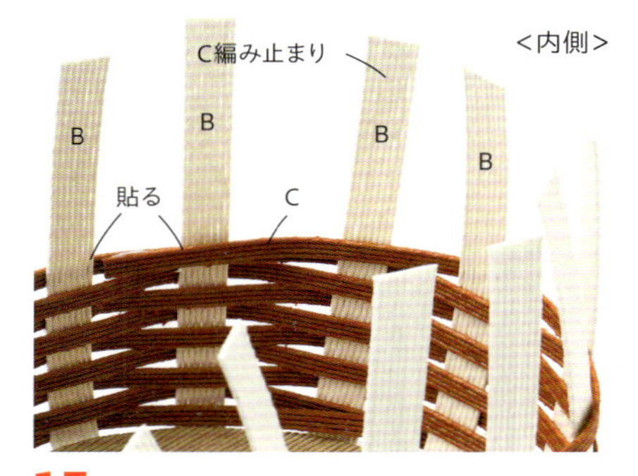

15.Cの端を内側に入れ、編みひもに重ねて貼ります。

16.p55の8で先端に丸印をつけたBの右隣のBの内側にDを洗濯ばさみで止め、縦ひもの内側と外側を交互に通します。ただしD編み始めとその左隣は両方とも内側を通します。のりしろ1~1.5cmになるようにカットして貼り合わせます。

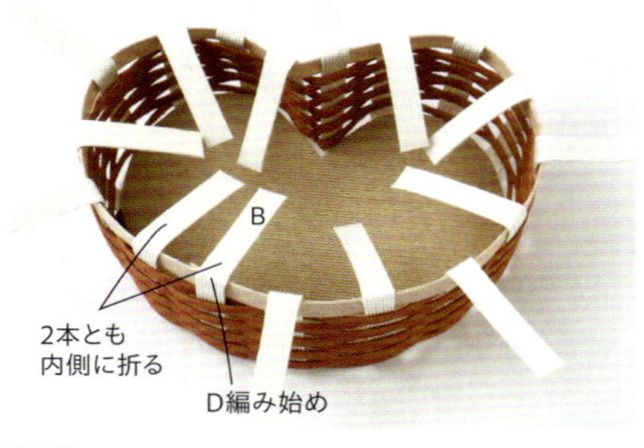

17.p15の24~27を参照し、縦ひもを交互に折って始末します。1カ所のみ2本続けて内側に折ります。

18.C編み始めの右端からDを貼ります。縦ひもの上部にボンドをつけて1周貼り、のりしろ1~1.5cmになるようにカットして貼り合わせます。

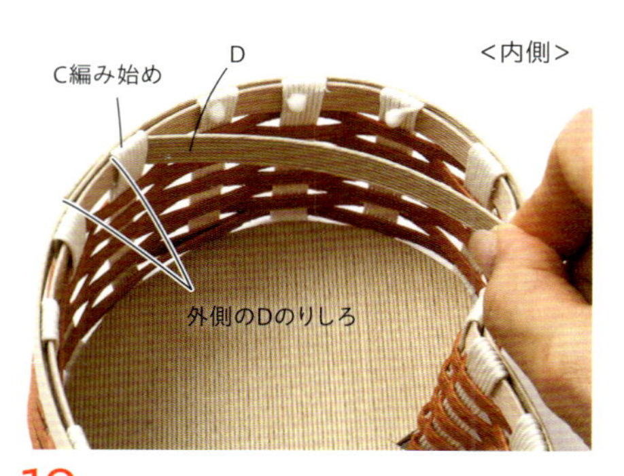

19.内側は、C編み始めの縦ひもの、18と反対側の際からもう1本のDを貼ります。のりしろをずらすことで厚みを分散させます。

20.1周貼り、のりしろ1~1.5cmになるようにカットして貼り合わせたら完成です。

本に登場する主な編み方

シンプルな編み方だけでも様々なかごを作れます。
この本で登場した主な編み方をご紹介します。

輪編み

紙バンドを輪にした状態で側面に通すので、初心者でもきれいな形を作りやすいです。紙バンドの厚みや手加減で輪のサイズが変わるため必ず試し編みをしてから編みましょう。

追いかけ編み

2本のひもで、上の段が下の段を追いかけるように編む編み方。手加減により、つぼまったり広がったりしやすいので、レッスンのpointを見ながら編んで下さい。

あじろ編み

輪を通し、縦ひもを2本または3本ずつ飛ばして編みます。この本では、横ひもにかすり染の紙バンドも使用。初心者でもきれいに作りやすいように、底を貼り合わせて作ります。

3本なわ編み

切り替え部分のアクセントにしたり、縁の始末でも登場します。

飾り編み

作った本体にひもを通して飾り編みをすると、シンプルな編み地が簡単にかわいい表情になります。

飾り編みにも様々なバリエーションがあり、この本では初心者さんでも編みやすい方法をご紹介しています。

縁飾り

縁飾りで作品の印象が変わり、作品のアクセントになります。この本では、他にも色々な縁飾りが登場します。

底のバリエーション

まずは作りやすい角底の作品から作ってみて、
慣れてきたら追いかけ編みとねじり編みを
組み合わせた丸底やだ円底にも
挑戦してみて下さい。
ハートのかごと、あじろ編みの作品は
紙バンドを貼り合わせて底を作ります。

No.15

No.13

No.14

No.16

No.13・14・15・16 丸底のかご 作品写真／43ページ

・サイズ 底直径14cm、深さNo.13・15＝15cm、No.14・16＝7cm
・材料 12本幅紙バンド
No13 アクアブルー1,162cm 白151cm
No14 つゆ草720cm 白51cm
No15 アクアブルー1,197cm
No16 つゆ草669cm 白160cm
(植田産業㈱パピエス)

用意する幅と本数

No.13・15 (一個分。指定以外はアクアブルーを使用)

	幅	長さ・本数	用途
A	12本幅	56cmを8本	底で十字に組み、側面に続くひも
B	1本幅	230cmを1本	丸底を編むひも
C	2本幅	290cmを2本	丸底を編むひも
D	6本幅	51cmを20本	側面の編みひも
E	2本幅	160cmを3本	側面の編みひも (No15 のみ)
F	12本幅	51cmを1本	縁を始末するひも (No13 のみ・白)
G	12本幅	51cmを1本	縁を始末するひも (No13 のみ)
H	2本幅	100cmを2本	縁飾りのひも (No13のみ・白)

No.14・16 (一個分。指定以外はつゆ草を使用)

	幅	長さ・本数	用途
A	12本幅	39cmを8本	底で十字に組み、側面に続くひも
B	1本幅	230cmを1本	丸底を編むひも
C	2本幅	290cmを2本	丸底を編むひも
D	6本幅	51cmを8本	側面の編みひも
E	2本幅	160cmを3本	側面の編みひも (No16のみ・白)
F	12本幅	51cmを1本	縁を始末するひも (No14のみ・白)
G	12本幅	51cmを1本	縁を始末するひも (No14のみ)

裁ち方

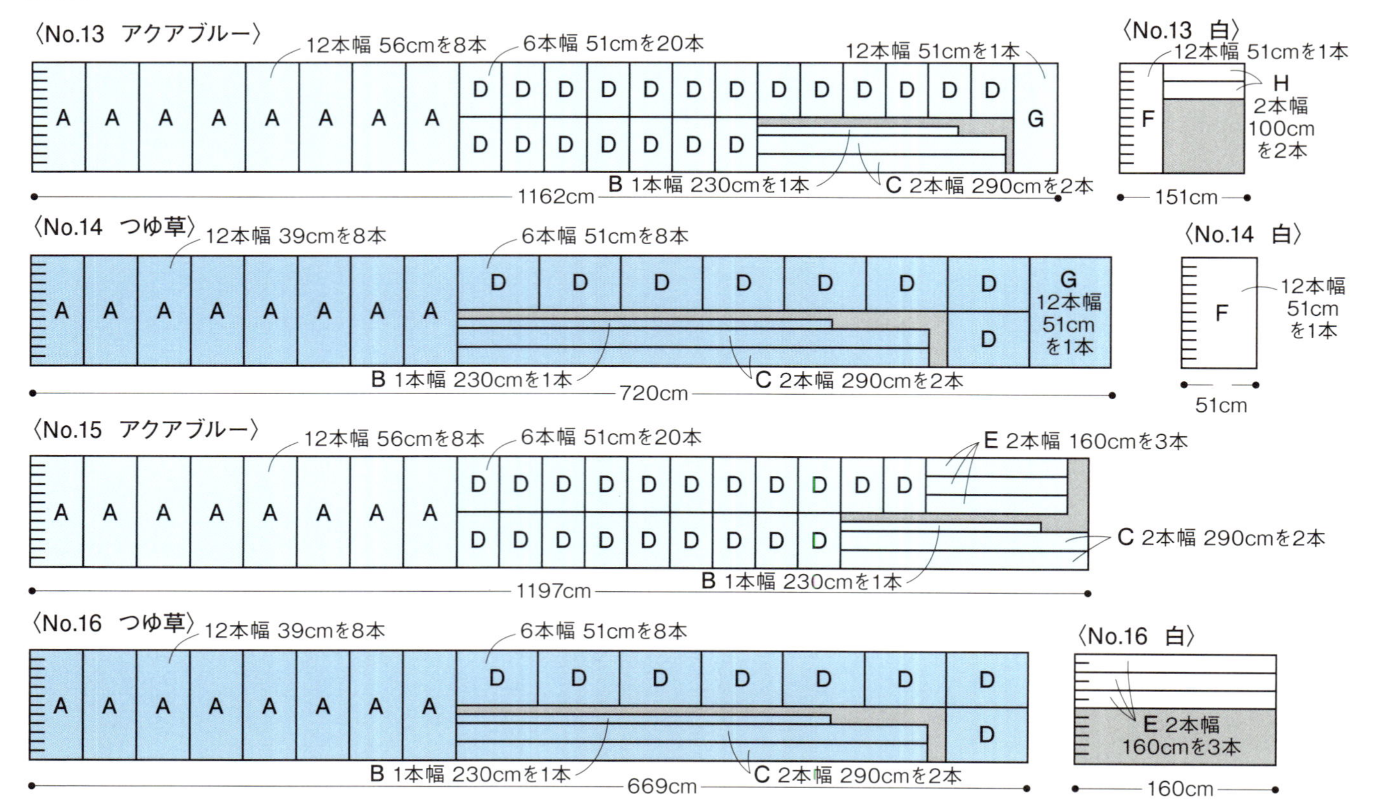

編み方の動画はこちらからご覧下さい

底を作る

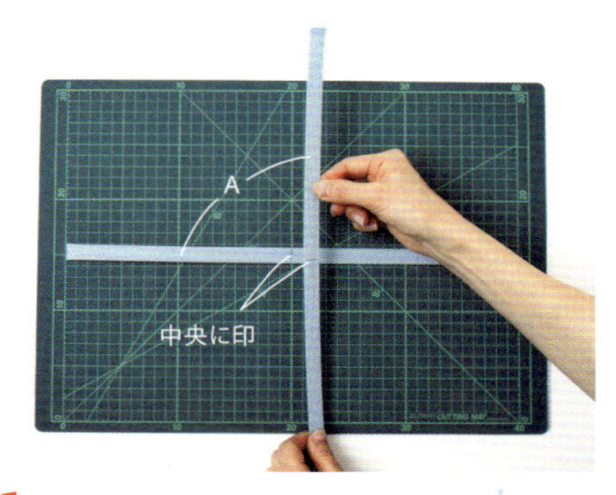

1. Aの中央に印をつけ、直角になるように印を合わせて貼ります。同様に4組作ります。

底を編む（ねじり編みをする）

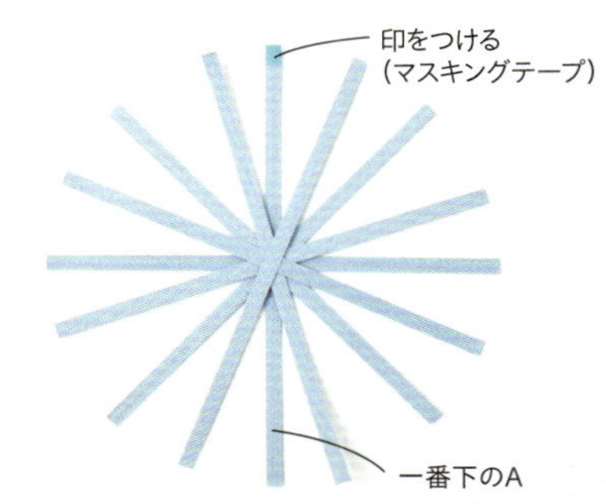

2. 角度が均等になるように1組を上に重ねて貼り、さらに2組を上に重ねて貼り、一番下のAの端にテープで印をつけます。

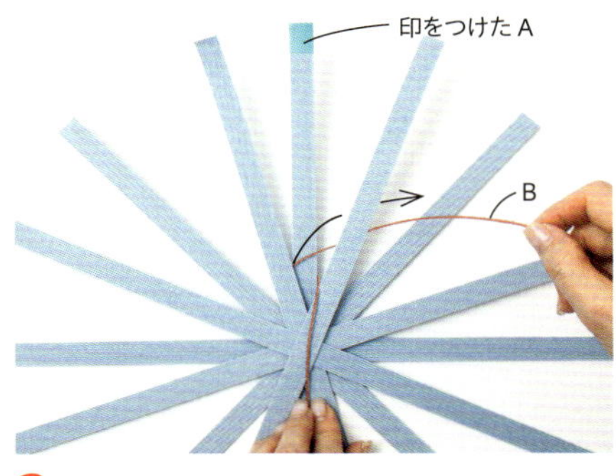

3. Bを半分に折って、印をつけたAにかけ、うち1本のBを右隣のAにかけます。
※右上の二次元バーコードで底のねじり編みを編む動画をご覧いただけます。

4. もう片方のBを3で掛けたAの右隣に掛けます。同様に、左側に出ているCを、何も掛っていないAにかけるのをくり返します。

5. スパチュラで丸く編み地を整えながら、ねじり編みで1周します。

底を作る（追いかけ編みをする）

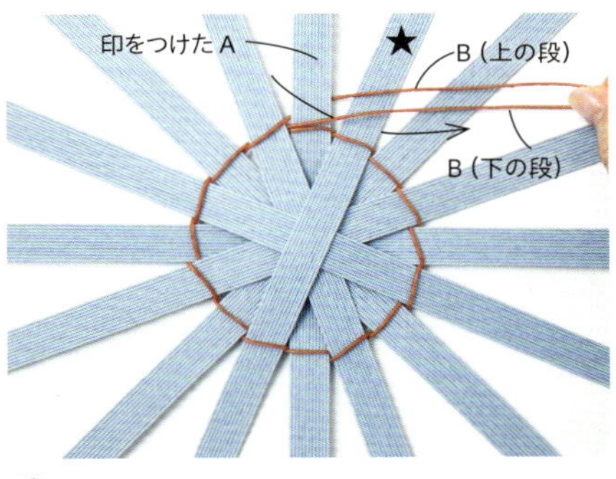

6. 印をつけたAの両側にBが出る場所で編み止まったら進行方向にのばして、Aの左側に出ているBを★の下に通します。これがB（下の段）になります。

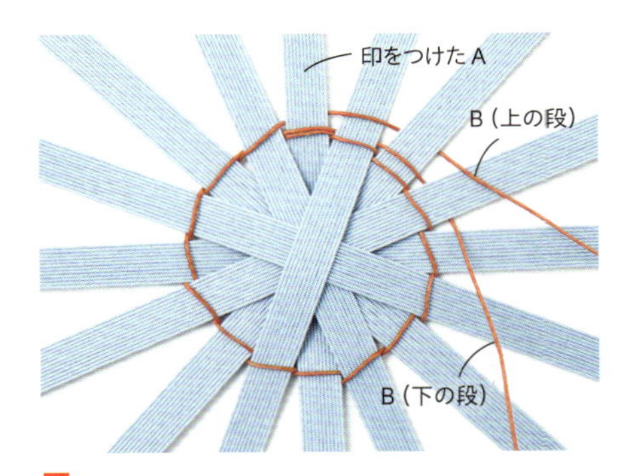

7. 印をつけたAの、右側に出ているBが上の段になります。B2本でAの上下を交互に通し、2周・4段編みます。

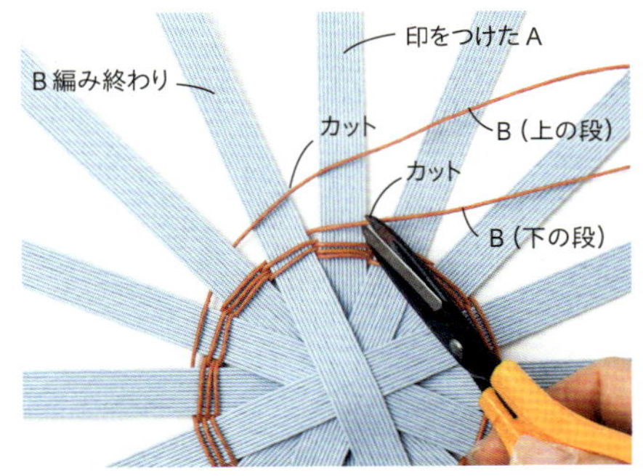

8. 印をつけたAの左隣のひもの両側にBが出る場所で編み止まります。下の段を印をつけたAの際でカットし、上の段は左隣のひもの際でカットします。

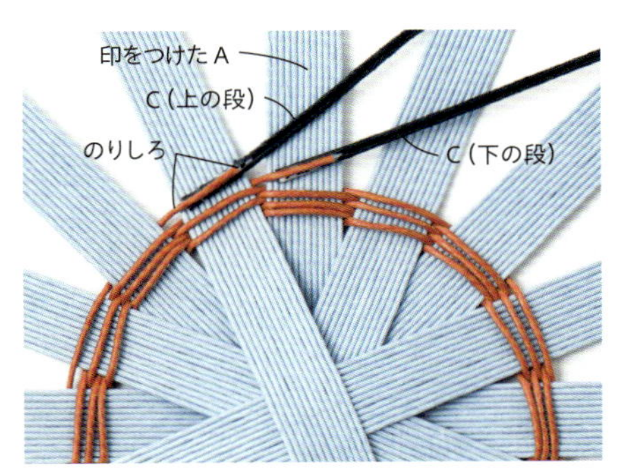

9. カットしたB2本に、それぞれCを貼ります。Aのひも上にのりしろが来ます。
※右上の二次元バーコードで底の追いかけ編みを編む動画をご覧いただけます。

No.13・14・15・16 丸底のかご

底を編む（ねじり編みをする）

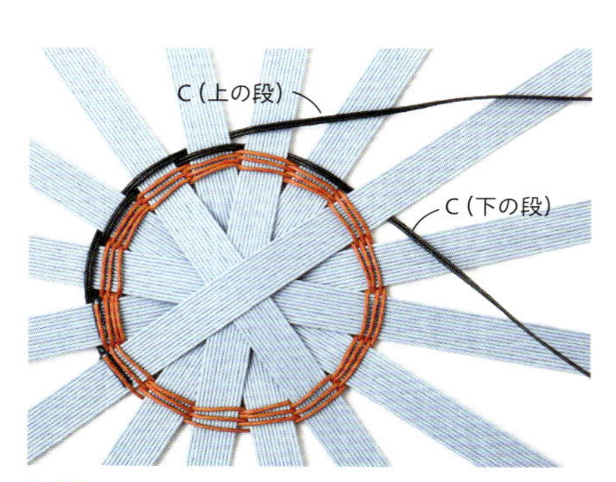

10. 続けてCで追いかけ編みを5周・10段編みます。2本の編みひもCが平らになるように、そして中心に編みひもを詰めるように編みます。

11. 右利きの場合は片手で底を半時計周りに回し、時計の10時から3時の間の場所で編むと編みやすいです。

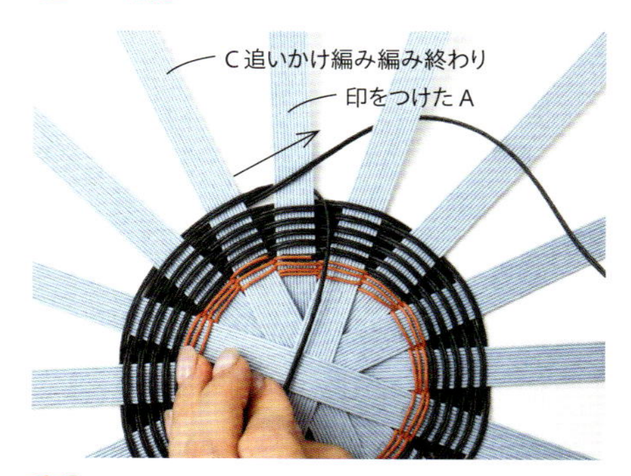

12. 直径が13cmより小さければ追加で1周・2段編みます。印をつけたAの左隣のひもで編み止まり、そのままねじり編みをします。

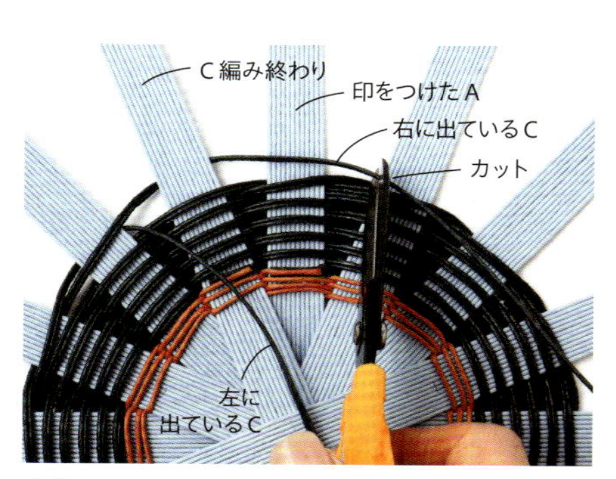

13. p59の4～5を参照して1周編み、印をつけたAの左隣のひもで止まります。右に出ているCを2本先のAの左端でカットし、編み地に重ねて貼ります。

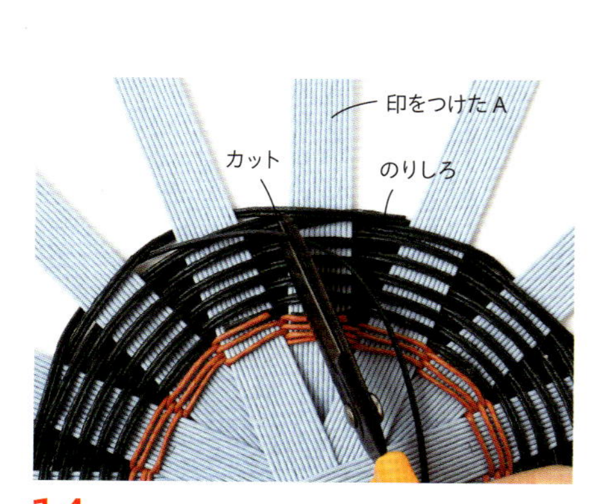

14. 左に出ているCを2本先のA（印をつけたA）の左端でカットし、編み地に重ねて貼ります。

15. 底ができました。ねじり編みは、追いかけ編みの編み地を落ち着かせる役目があります。編みひもの処理ができたら、底に合わせて側面を垂直に立ち上げます。

編み方の動画はこちらからご覧下さい

側面を作る（輪編みをする）

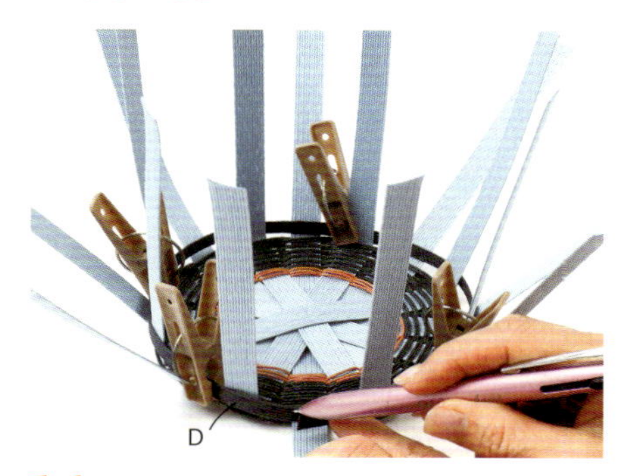

16. p18の7〜10と同様にDで試し編みをします。編み始めはどこからでもOK。きれいな筒型になるように、ややゆるめに編みます。

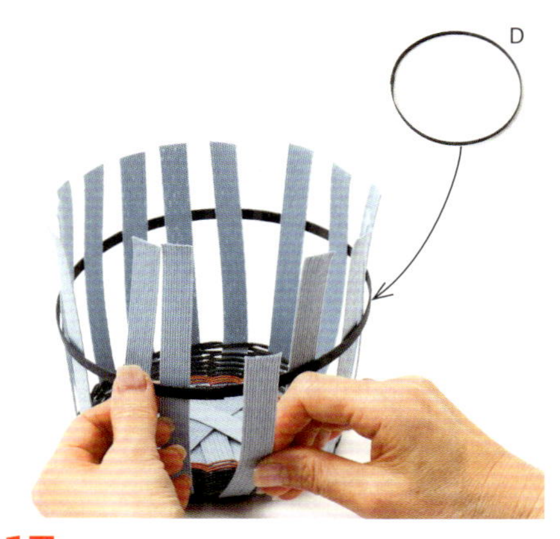

17. p18の11〜p19の20と同様に、DでNo.14・16は8本、No.13・15は20本の輪を作り、輪編みをします。

18. 編み始めを★印のように1本ずつ隣にずらして編みます。No.14・16は8段、No.13・15は20段輪編みをします。※右上の二次元バーコードで輪編みの動画をご覧いただけます。

縁の始末をする（No.13・14）

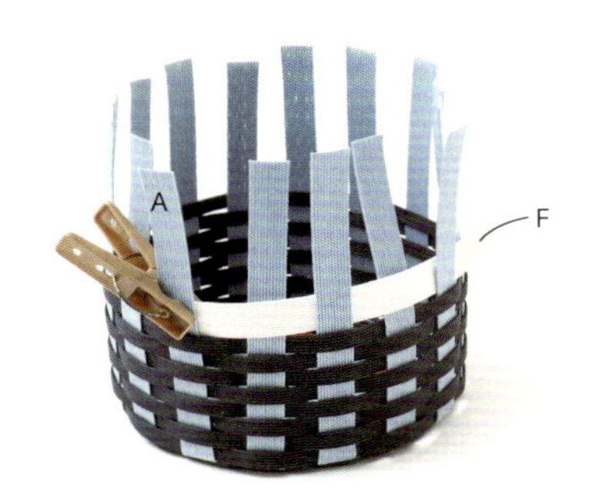

19. Aの内側にFを洗濯ばさみで止め、側面の縦ひもの外側と内側に交互に通して1周編み、余分をカットしてのりしろ1〜1.5cmで貼り合わせます。

20. 側面の縦ひもが折れる方向（Fをくるむ方向）へ折り、p15の25〜27と同様に始末します。

21. Aの上端にボンドをつけて、Fののりしろの隣のAの際からGを内側に貼ります。

22. 縦ひもの間で貼り合わせたら、No.14の完成です。

縁飾りをする（No.13）※No.14で縁飾りを説明します。

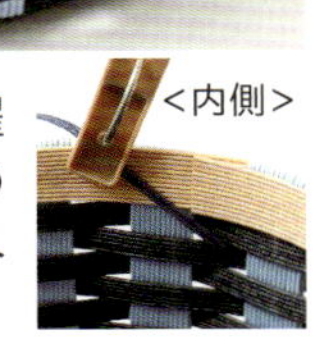

23. Hの端を内側に洗濯ばさみで止め、反対側の端を隣のFの下の間に外側から内側へ通します。

24. Aの左上から右下にかかるようにFの下にHを外側から内側へ通すのをくり返し、一周します。※右上の二次元バーコードで縁飾りを編む動画をご覧いただけます。

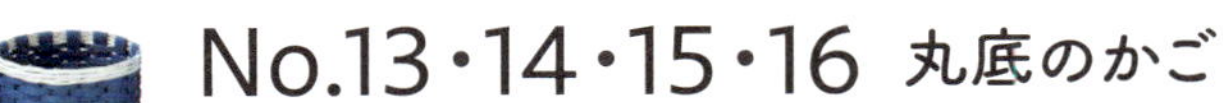

No.13・14・15・16 丸底のかご

編み方の動画は
こちらからご覧下さい

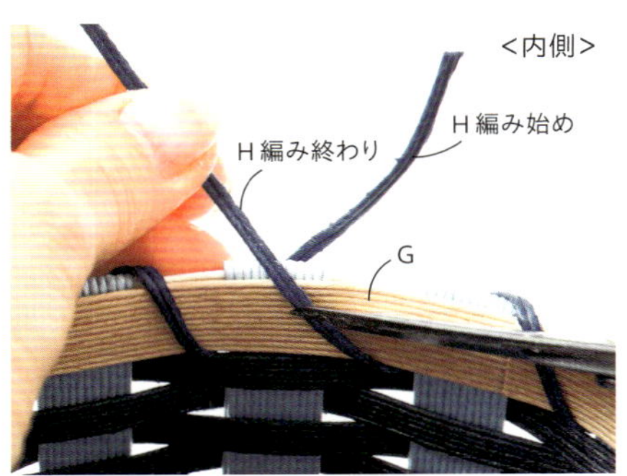

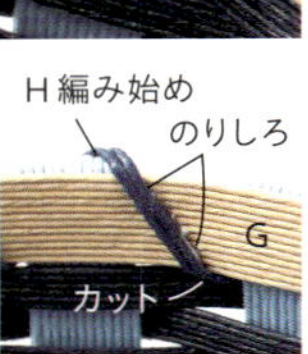

25. 編み終わりのHをGの中心でカットし、編み始めのHは内側のGの下端でカットして、H同士を貼り合わせます。

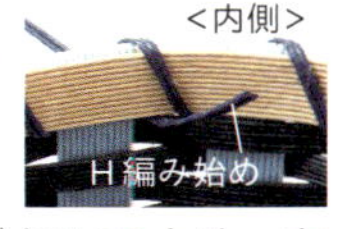

26. もう1本のHでAの左下から右上へ掛かるようにように編みます。Hを内側に通して洗濯ばさみで止め、内側から外側へ通します。

27. 1周したら、編み始めのHをGの中心でカットし、編み終わりをGの下端でカットしてH同士を貼り合わせます。

28. 縁飾りができました。

point きれいなクロスになるよう調整しながら、やや引っ張り気味にして編むと上手く編めます。

縁の始末をする（No.15・16 3本なわ編み）

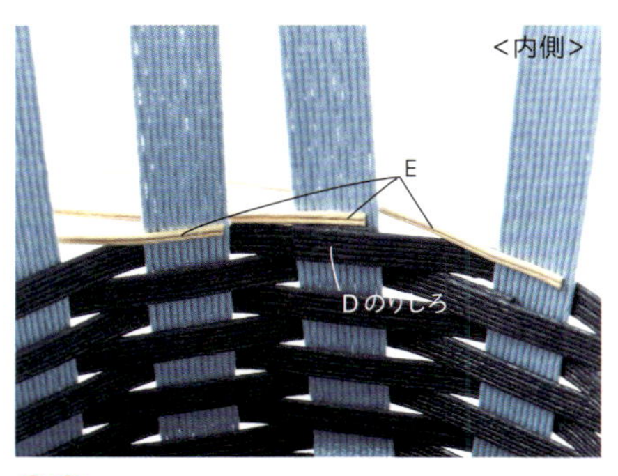

29. 内側の、最終段の輪編みののりしろとその両隣にEを貼り、p29の6～11を参照し、3本なわ編みを3段編みます。
※右上の二次元バーコードで3本なわ編みを編む動画をご覧いただけます。

30. 編み始めの位置で編み止まり、p29の12～p30の15を参照し、右隣の縦ひもの端でカットし、内側で貼ります。

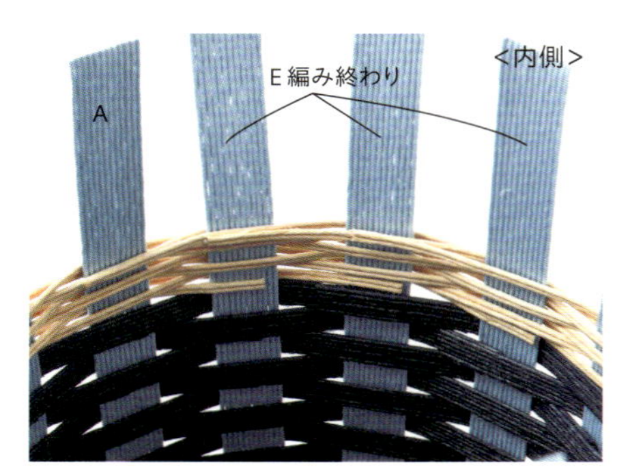

31. Eの3本なわ編みの処理ができました。3本なわ編みの編み地の上端で、すべてのAを内側へ折ります。

32. 折った縦ひもを側面に沿わせ、ひもの端が見えそうな場合はカットします。つけ根にボンドをつけて、3本なわ編みをとばしてDの編み地に差し込みます。

33. 縦ひもを内側にすべて通して処理したらNo.16の完成です。No.15の縁も同様に処理します。

No.17　No.18

No.17.18 ベーシックなかご 作品写真／44・45ページ

・サイズ 底20×16.5cm、深さ10cm（持ち手を含まず）
・材料 12本幅紙バンド
No.17 くるみ1,649cm
No.18 コーヒー1,167cm あんず280cm（植田産業㈱パピエス）

用意する幅と本数（一個分。No.17はすべてくるみを使用。No.18は指定以外コーヒーを使用。）

A	8本幅 53cmを5本	底で横に置き、側面に続くひも
B	8本幅 14cmを6本	底で横に置く短いひも
C	8本幅 46cmを7本	底で縦に置き、側面に続くひも
D	8本幅 11cmを2本	底を作る時にA・Bを並べて貼るひも
E	2本幅 420cmを2本	だ円底を編むひも
F	8本幅 19cmを8本	だ円底の差しひも
G	4本幅	No.17＝641cmを2本 No.18＝147cmを3本、 うち1本は半分にカットして使用 側面の編みひも
G'	4本幅280cmを3本	（あんず・No.18のみ） うち1本は半分にカットして使用　側面の編みひも
H	8本幅 72cmを1本	縁を始末するひも
I	12本幅 34cmを2本	持ち手のひも（No.17のみ）
J	12本幅 23cmを1本	持ち手の厚みを補正するひも（No.17のみ）
K	2本幅 450cmを1本	持ち手を巻くひも（No.17のみ）
L	8本幅 36cmを2本	持ち手のひも（No.18のみ）
M	2本幅 170cmを2本	持ち手を巻くひも（No.18のみ）
N	4本幅 430cmを1本	縁飾りのひも

裁ち方

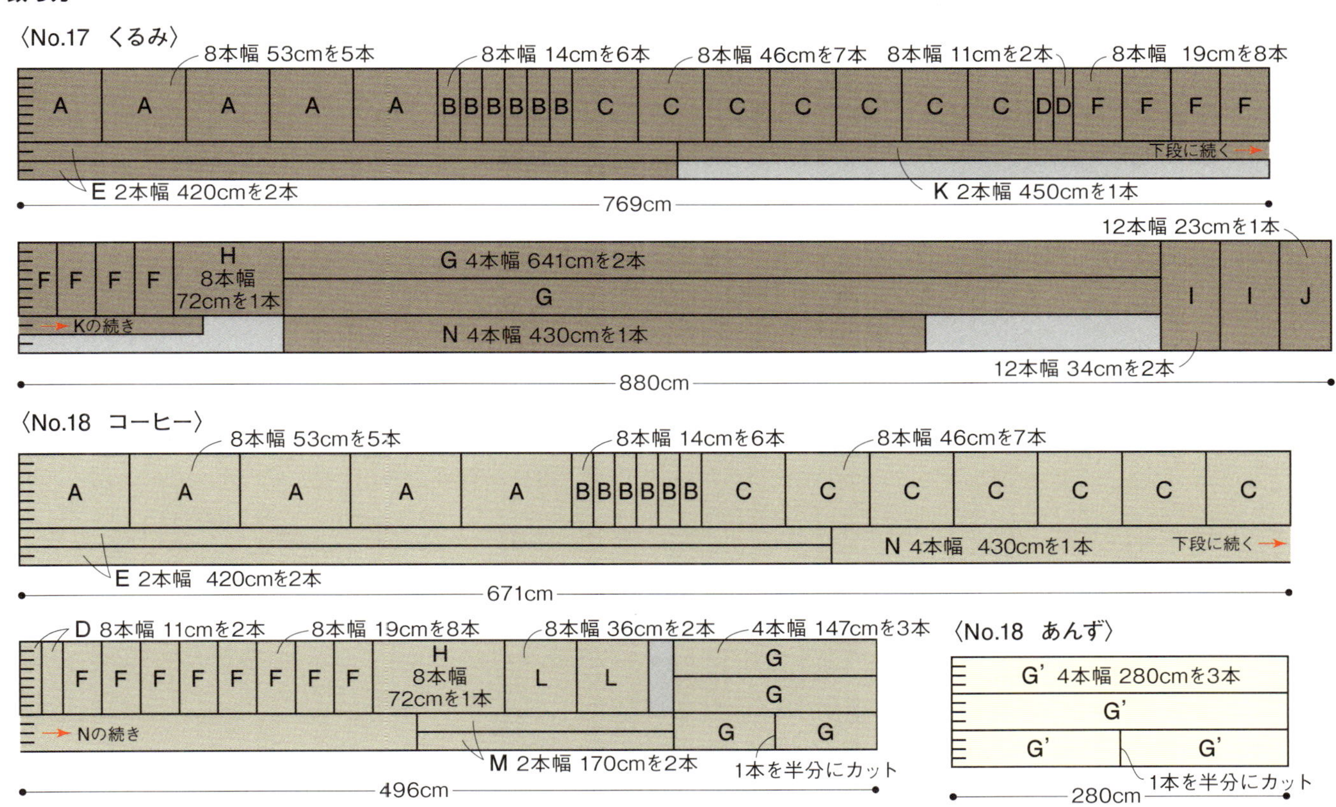

No.17·18 ベーシックなかご

だ円底を作る

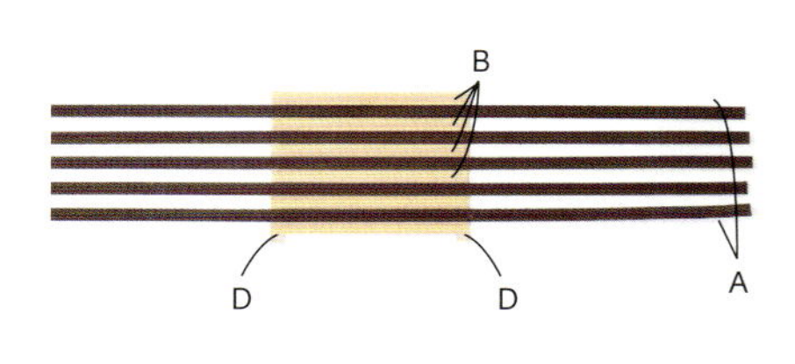

1.p.12の1〜p13の4と同様にDの上にBとAを交互に貼ります。

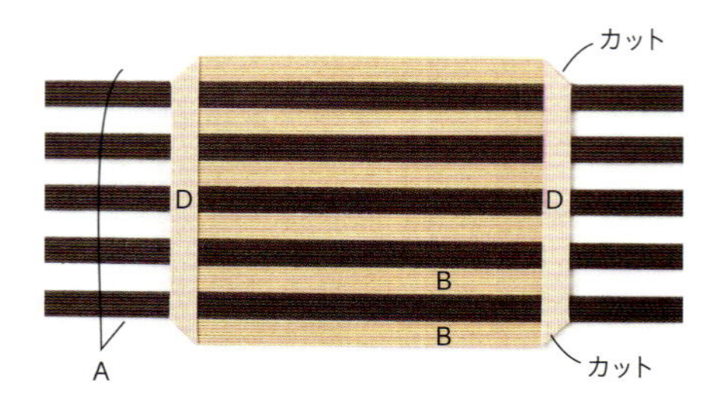

2.裏返してDが見える状態にして、4つの角をななめに切ります。この時、Aを切らないように気をつけます。再び裏返します。

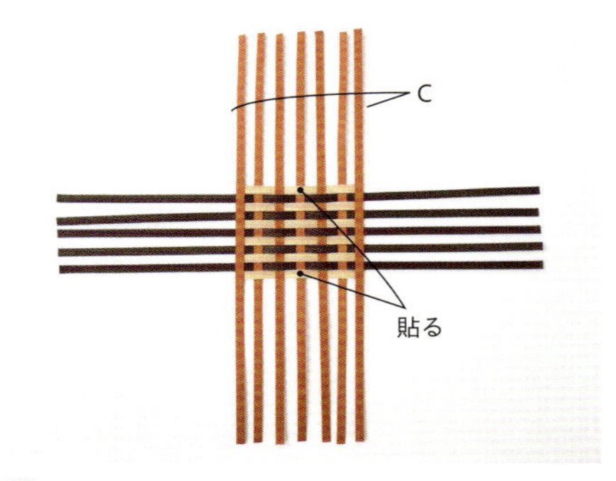

3.p.13の5〜9を参照し、Cを両脇に貼って、Cを2本ずつ横のひもに交互に通します。中央に通したCをBに貼ります。

だ円底を作る（追いかけ編みをする）

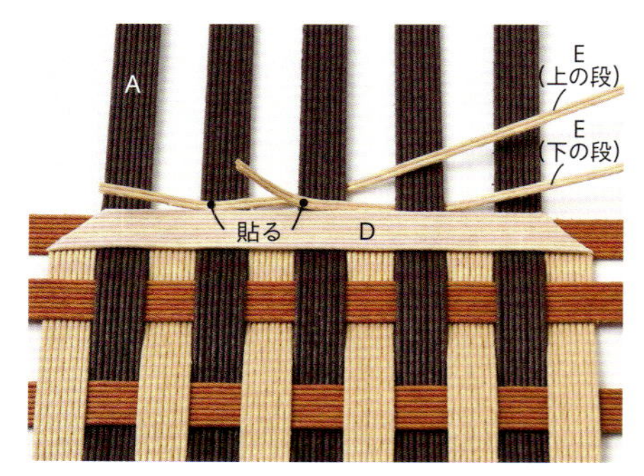

4.裏返してDが見える状態で置き、左から2本目と3本目のAのつけ根にボンドをつけてEを貼ります。Eの端はそれぞれ左隣のAの端に合わせます。

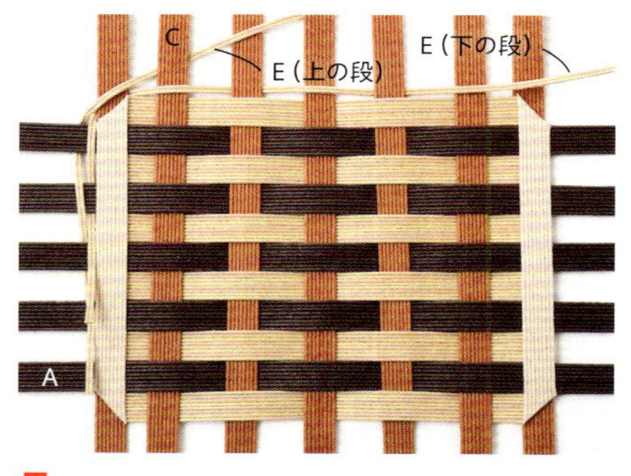

5.真ん中のAに貼ったEから、p23の7〜11を参照してAとCの上下を交互に通し、Eで4周・8段編みます。真ん中のAに貼ったEが下の段、左から2本目のAに貼ったEが上の段になります。

6.p60の10・11と同様に、編みひもが平らになるようにして、片手で回しながら時計回りで編み、編みひもを中心へ詰めるように編みます。

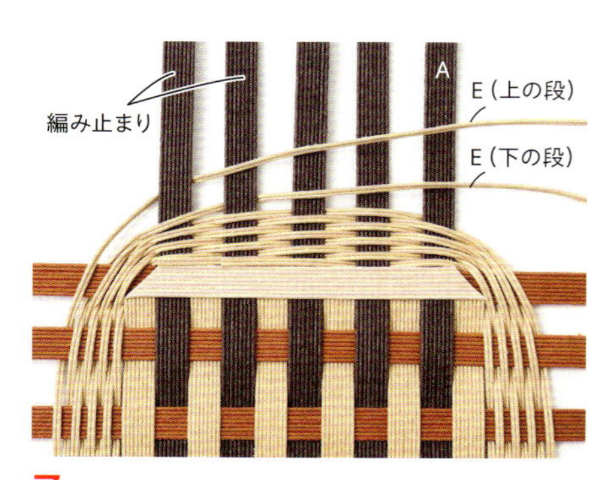

7.4周・8段編んだら、Eを貼ったAの左隣のひもで一旦止まります。※右上の二次元バーコードで底の追いかけ編みを編む動画をご覧いただけます。

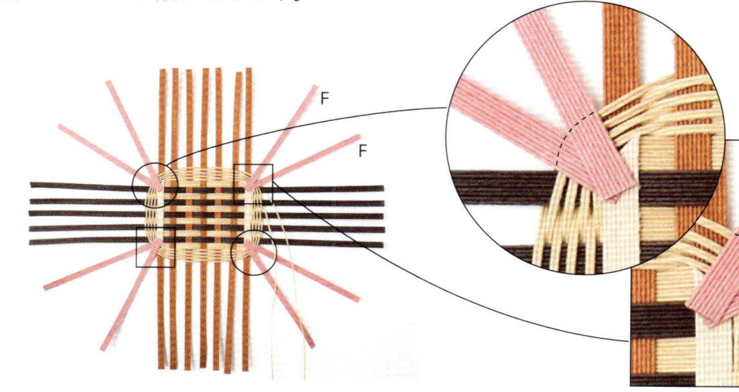

8.差しひもFを角に2本ずつ等間隔に貼ります。対角（○同士、□同士）で、差しひもFの重ね方が同じになるよう貼ります。

9.8の○と□はそれぞれ写真のように重ね、差しひもFを重ねた接点が、編み地の端より内側に来るように貼ります。

編み方の動画はこちらからご覧下さい

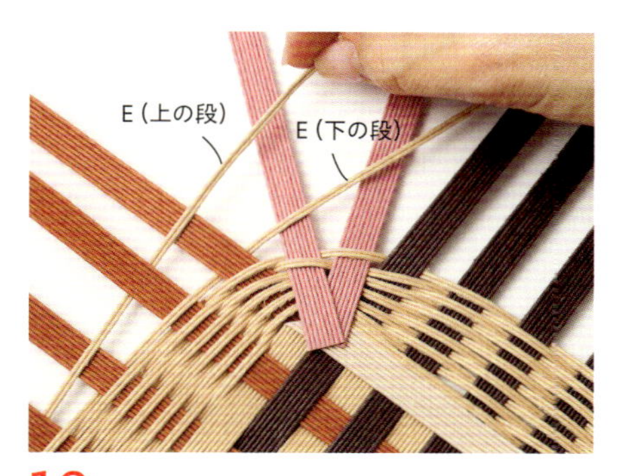

10. Fを貼ったらそのまま続けてE2本で追いかけ編みを2周・4段編みます。

11. Eを貼ったAの左隣のひもで編み止まり、そのまま続けてねじり編みをします。※右上の二次元バーコードで底のねじり編みを編む動画をご覧いただけます。

だ円底を作る（ねじり編みをする）

12. 編んできたE2本を手前に出して、左端のAに掛かっているEを縦のひも1本分飛ばして右隣の縦ひもに掛けます。

13. 縦ひもの左側に出ているEを、何もかかっていないAまたはCにかけるのをくり返します。

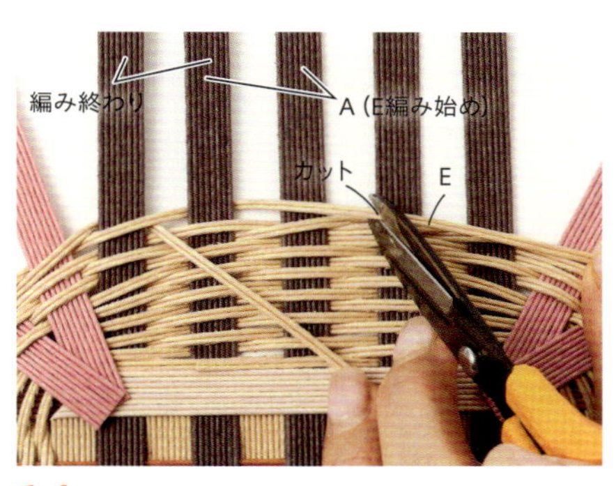

14. 1周したらEを貼ったAの左隣のひもで編み止まり、右側のEを進行方向に伸ばし、1本先のAのひもの際でカットして編み目に貼ります。

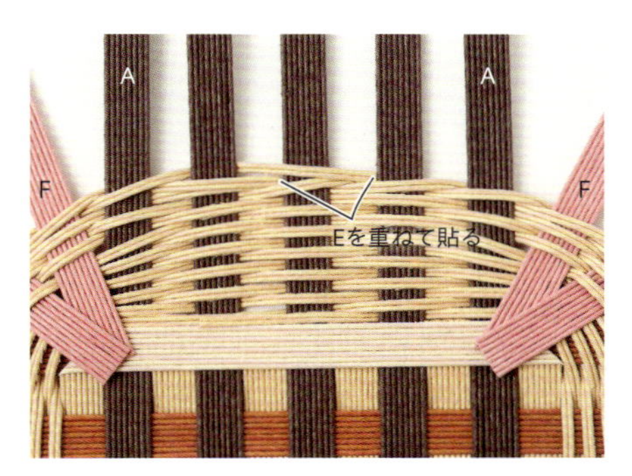

15. 左側のEも同様に、進行方向に伸ばして、1本先のAのひもの際でカットして14と同様に編み目に貼ります。だ円底ができました。

側面を作る（追いかけ編みをする）

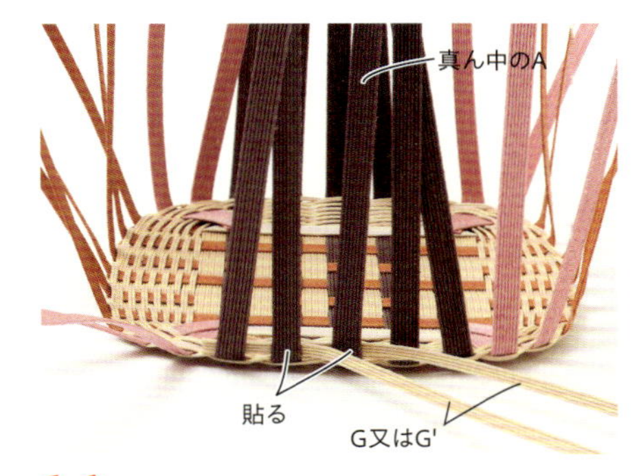

16. 側面のひもを垂直に立ち上げます。真ん中のAとその左隣のAの内側に、No.17はGを1本ずつ貼り、No.13はG'280cmを半分にカットした短い方を1本ずつ貼ります。

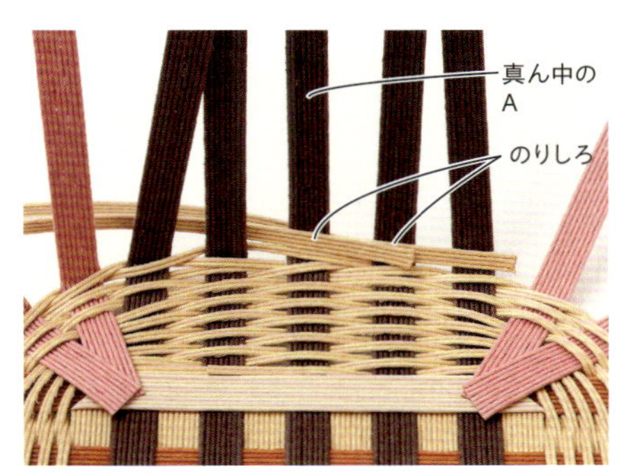

17. G又はG'の端は共に2cm程度のばします。p23の7〜11を参照して追いかけ編みをします。

18. 差しひもFの所は引っぱりすぎないように注意して、底に沿うように編みます。No.17はG2本で続けて9周・18段編みp66の23に進みます。

No.17・18 ベーシックなかご

19.No.18はG'が途中で足りなくなったら編みひも同士をつなぎます。縦ひもの内側中央でG'をカットします。

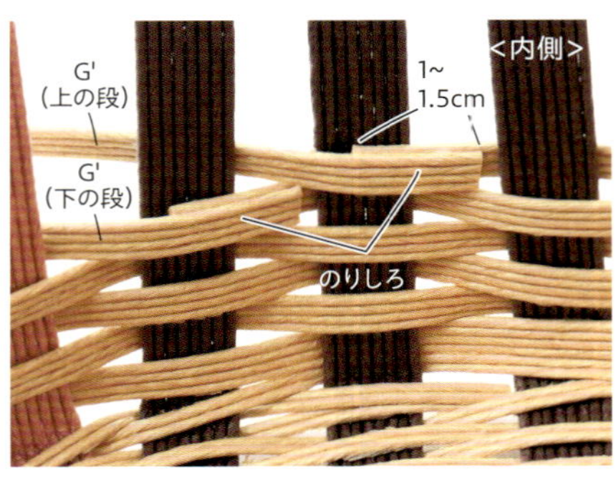

20.280cmのG'を縦ひもの内側でのりしろ1～1.5cmで貼り、続けてG'で6周・12段になるまで編みます。※右上の二次元バーコードで追いかけ編みの動画をご覧いただけます。

21.編み始めの位置で編み止まり、G'をそれぞれAの内側中央でカットします。

22.20と同様にG147cmを半分にカットしたものをそれぞれをつなぎ、追いかけ編みを続けて3周・6段編みます。途中で足りなくなったら残りのGをつなぎます。

23.編み始めの位置で編み止まります。右側に出ているG（下の段）を、縦ひも1本先の右端のAの手前でカットします。

24.カットしたひもを内側に入れ、編み地に上端をそろえて貼ります。G（上の段）も23と同じ場所でカットし、内側で重ねて貼ります。

縁の始末をする

25.真ん中のAの内側にHを洗濯ばさみで止め、縦ひもの外側と内側に交互に通して1周編み、余分をカットしてのりしろ1～1.5cmで貼り合わせます。

※26はNo.18のみ。
No.17はp68の45へ進む。

26.縦ひもが折れる方向（Hをくるむ方向）へすべて折り、p15の25～27と同様に始末します。

持ち手を作る (No.18)

27.Lの中央に印をつけ、両端のAの外側、Hの下に通します。中央の印が内側に来るように通します。

編み方の動画はこちらからご覧下さい

28. p52の16～p53の19と同様に中央の印の位置で突き合わせ、両端に向かってしっかりと貼り、ボンドが乾く前に持ち手を形作ります。

29. Mの端にボンドをつけ、持ち手Lのすき間に入れて貼り、ねじれないように詰めて巻きます。

30. 巻き終わりはスパチュラでLのすき間を広げ、Mにボンドをつけて差し込み処理します。もう片方の持ち手も同様に作ります。

縁飾りをする

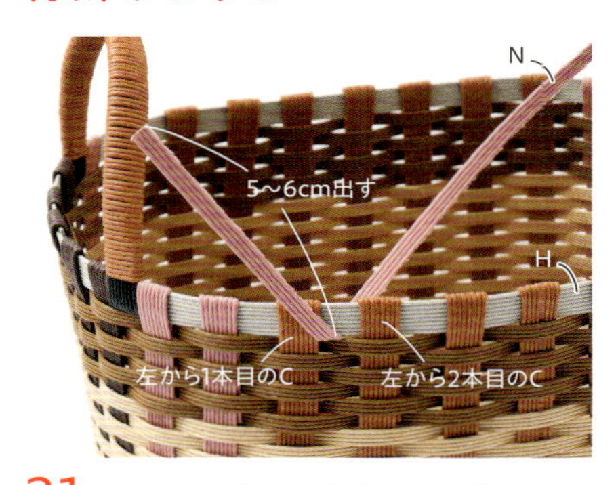

31. Nを左から1・2本目のCの間・Hの下に通します。端は外側に5～6cm出します。

32. 31でNを通した所から、3本先の縦ひもの右・Hの下に外側から内側へ通します。

33. 32でNを通した所から、2本分戻った縦ひもの左・Hの下に、外側から内側へ通します。

34. 32と同様に、Nを3本先の縦ひもの右・Hの下に外側から内側へ通します。
※右上の二次元バーコードで縁飾りを編む動画をご覧いただけます。

35. Nを縦ひも2本分戻ったHの下に、外側から内側へ通します。この時、写真のように32でかけた紙バンド（★）の下を通します。

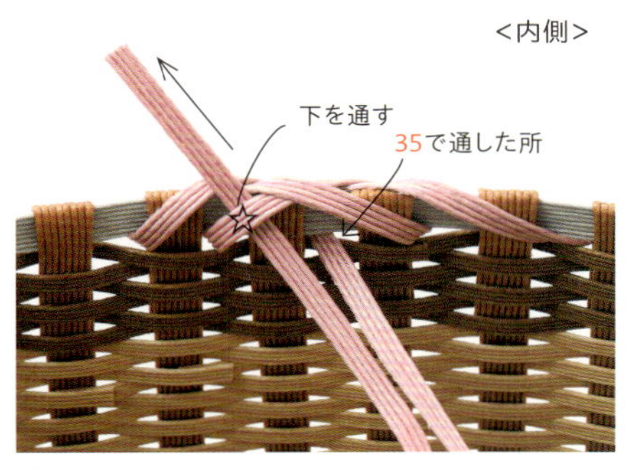

36. 内側で写真のように☆の下を通してから、Nを3本先の縦ひもの右・Hの下に外側から内側へ通します。

No.17·18 ベーシックなかご

37.p67の34〜36をくり返して編みます。

point 編みひもが上下交互に通っていればOKです。確かめながら編みましょう。

38.持ち手のある部分は、持ち手をよけながら同様に編み進めます。

39.最初にNを通した所まで編み進め、その後2回今までと同じように編みます。

40.2回編み進めたところ。その後、今までと同じように3本先の縦ひもの外側から内側へ通します。

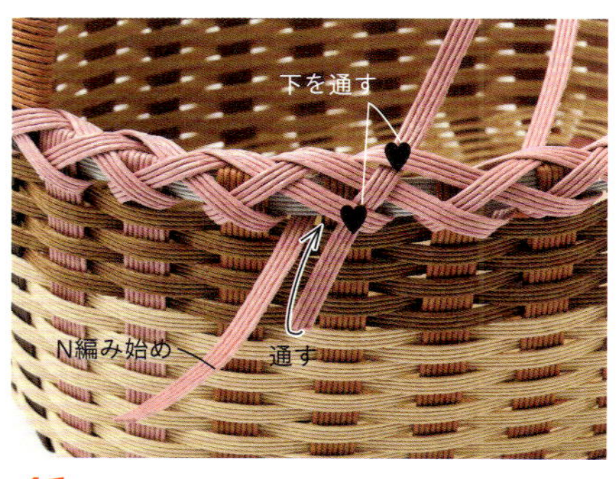

41.2本分戻る時に、2本の♥の下を通し、編み始めと同じところに通します。
※40と41の♥は、同じひもです。

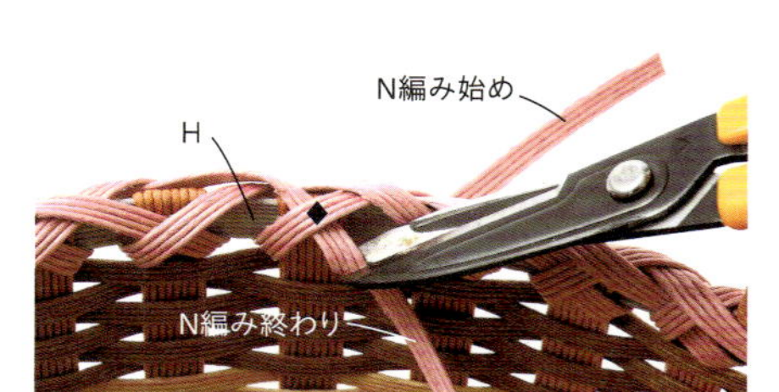

42.編み始めのNを、内側のHの下端でカットします。

43.41で内側に通した編み終わりのNを、内側で◆の下を通し、ボンドをつけて引っ張り、N同士を貼り合わせます。ボンドが乾いたら、際でカットします。

44.No.18の完成です。

持ち手を作る (No.17)

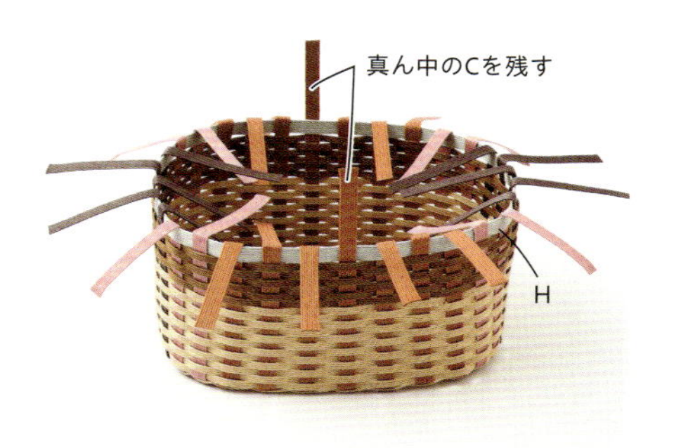

45.側面の縦ひもが折れる方向（Hをくるむ方向）へ折ります。但し真ん中のCのみ折らずに残し、折ったひもをp15の25〜27と同様に始末します。

46.残したCの外側にボンドをつけ、Iの端をHの下端に合わせて貼ります。反対側も同様に貼ります。

47.Iの内側にボンドをつけ、Cの端と突き合わせてJを貼ります。

48.Jの反対側は余分をカットしてからCと突き合わせて貼ります。Jは厚みを調整する役割があります。

49.もう1本のIを内側に貼ります。内側のHの下端に合わせて貼り始めます。

50.反対側はHの下端で余分をカットして貼ります。Iを内側に貼れました。

51.p67の29・30と同様に持ち手にKを巻き、終わりは1周半手前でボンドをつけ、一巻きしてスパチュラでIのすき間を広げて差し込み、際でカットします。

縁飾りをする

52.Nを左から1・2本目のCの間・Hの下に通し、p67の31～p68の43と同様に縁飾りを編みます。持ち手の場所は内側を通します。

53.持ち手の場所もきれいに模様が出ています。

54.No.17の完成です。

No.19

No.20

No.19・20 あじろ編みのダストボックス

作品写真／46・47ページ

・サイズ No.19…底14×14cm、深さ21cm　No.20…底18×18cm、深さ25cm
・材料
No.19 12本幅紙バンド　白2,164cm、8本幅紙バンド　かすり染28（ゴーヤ）992cm
No.20 12本幅紙バンド　あい2,947cm、8本幅紙バンド　かすり染26（レッドキャベツ）1,332cm　（植田産業㈱パピエス）

用意する幅と本数

No.19（指定以外は白を使用）

A	12本幅 75cmを10本	底に縦に貼り、側面に続くひも
B	12本幅 75cmを10本	底に横に貼り、側面に続くひも
C	12本幅 15cmを2本	底に貼ったひもを押さえるひも
D	12本幅 62cmを4本	側面の編みひも
E	8本幅 62cmを16本	（かすり染28ゴーヤ）側面の編みひも
F	2本幅 62cmを2本	厚みを補正するひも
G	12本幅 63cmを2本	縁を始末するひも
H	1本幅 260cmを1本	縁飾りのひも

No.20（指定以外はあいを使用）

A	12本幅 85cmを12本	底に縦に貼り、側面に続くひも
B	12本幅 85cmを12本	底に横に貼り、側面に続くひも
C	12本幅 18cmを2本	底に貼ったひもを押さえるひも
D	12本幅 74cmを6本	側面の編みひも
E	8本幅 74cmを18本	（かすり染26レッドキャベツ）側面の編みひも
F	2本幅 75cmを2本	厚みを補正するひも
G	12本幅 76cmを2本	縁を始末するひも
H	1本幅 275cmを1本	縁飾りのひも

裁ち方

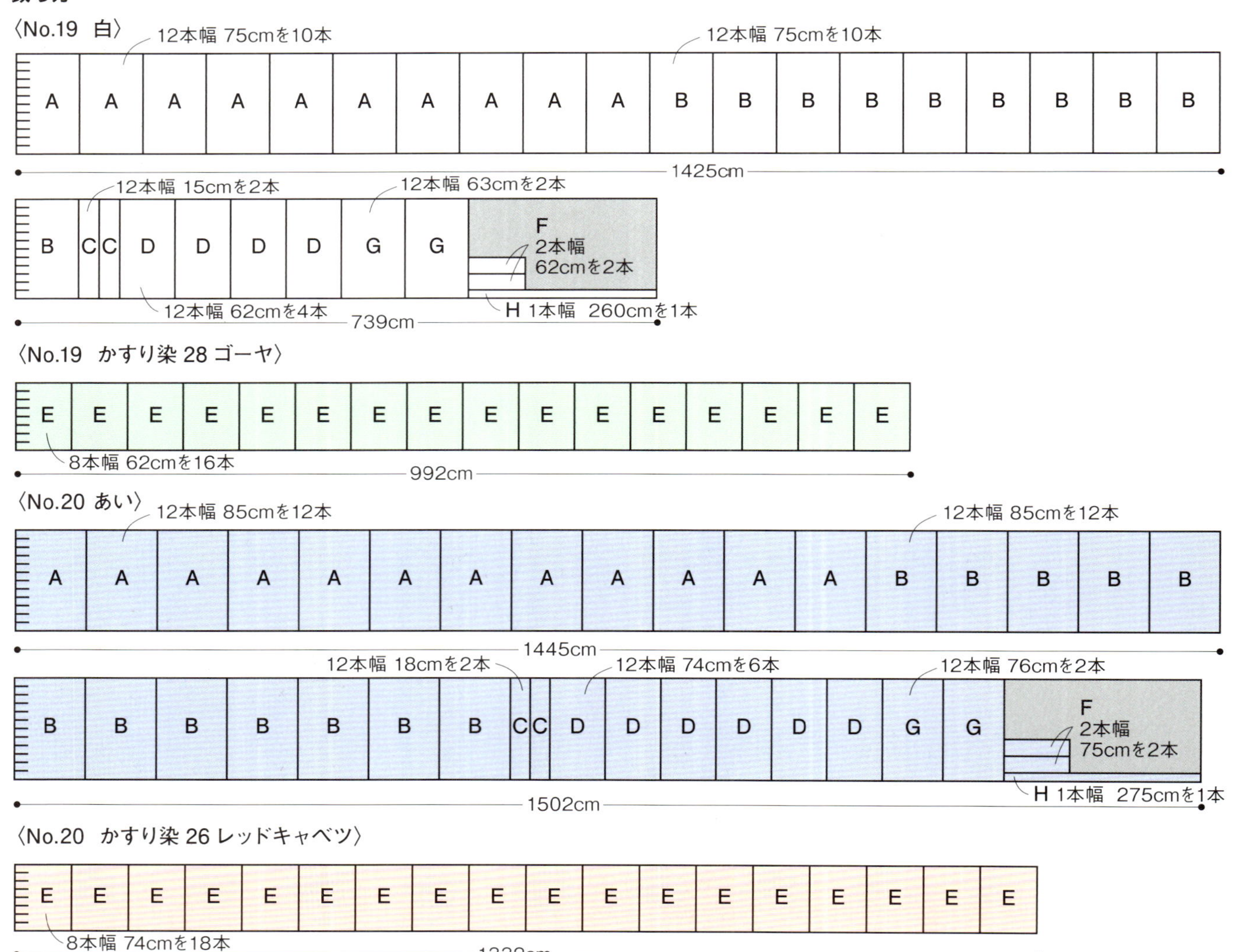

底を作る (No.19 ※No.20はp74の31を参照)

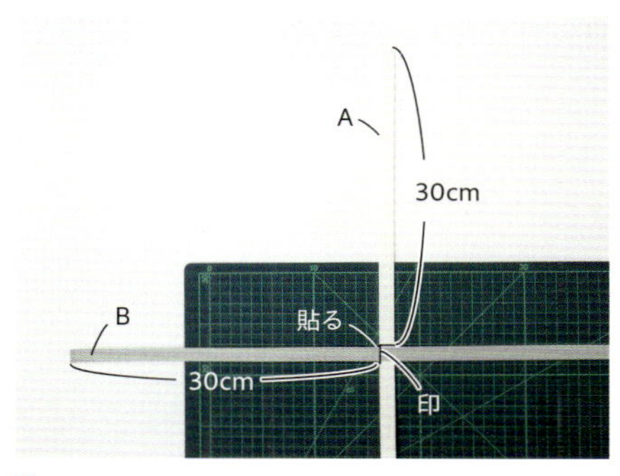

1. AとB各1本に端から30cmのところに印をつけ、Aの上にBを印の位置で十字に貼ります。

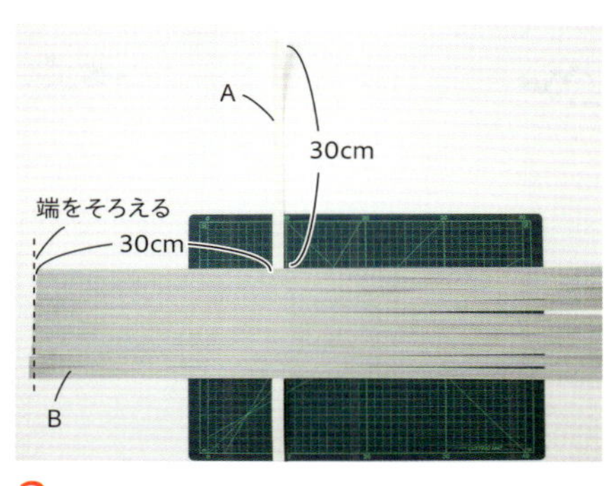

2. Bの端をそろえてすき間があかないようにAに貼ります。

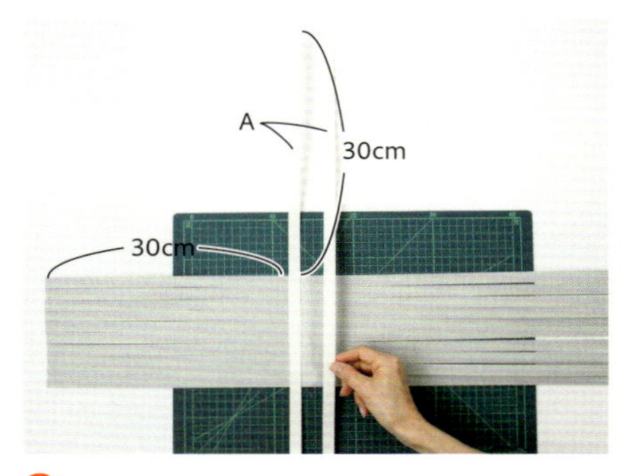

3. Bをすべて貼ったら裏返し、その上にAを貼ります。Aの端はそろえて、すき間があかないように詰めて貼ります。

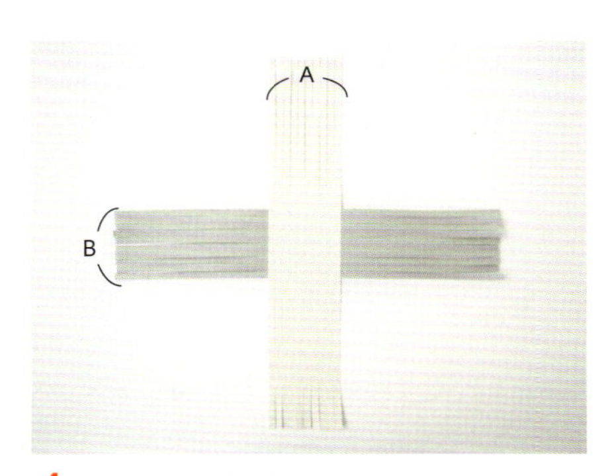

4. A・B各10本ずつ貼りました。

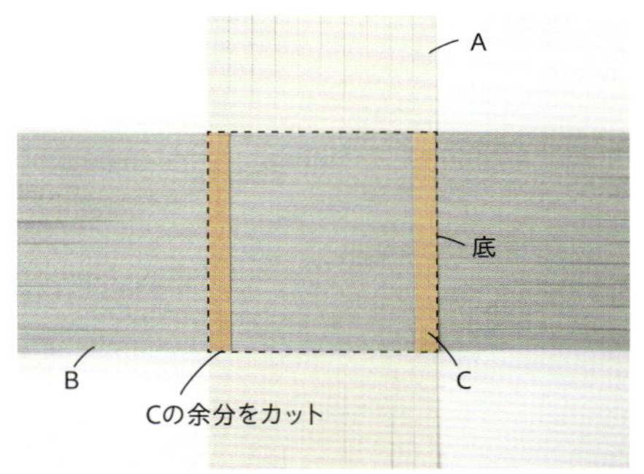

5. もう一度裏返してBが上に見える状態にして、両端のAに合わせてCを貼ります。Bからはみ出た部分はカットします。点線の部分が底になります。

6. 5の点線の四角の所で側面を垂直に立ち上げます。

側面を作る (No.19 あじろ編みをする)

7. 左から5本目と6本目のBの内側にDを洗濯ばさみで止めて、2本ずつ、縦ひもの外側と内側を交互に通します。

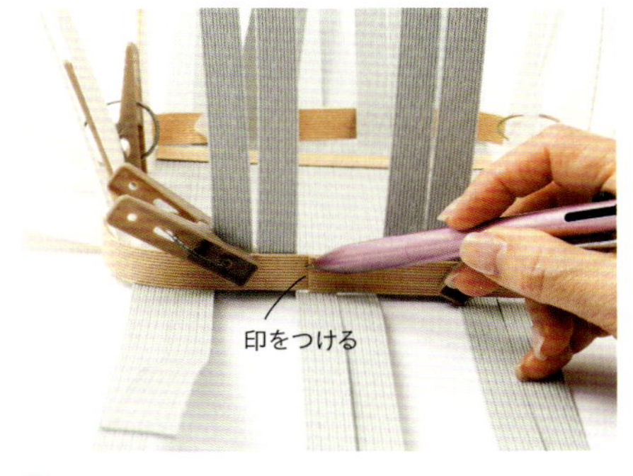

8. 角は自然に沿わせて1周したら編み始めに編み終わりを重ねて印をつけます。これは輪編みと同様に試し編みなので、一度外します。

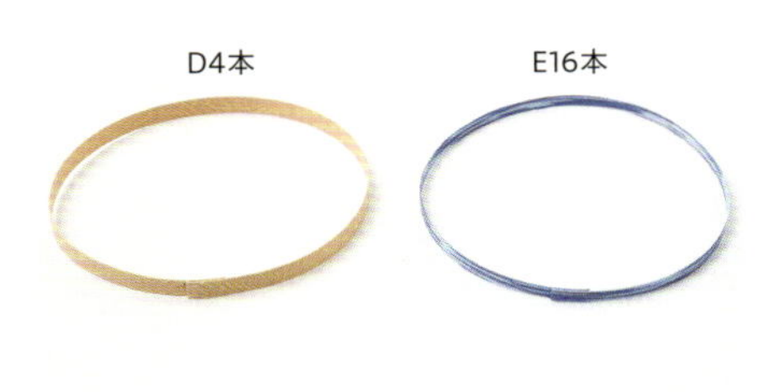

9. p18の9〜11を参照し、D4本、E16本で輪を作ります。

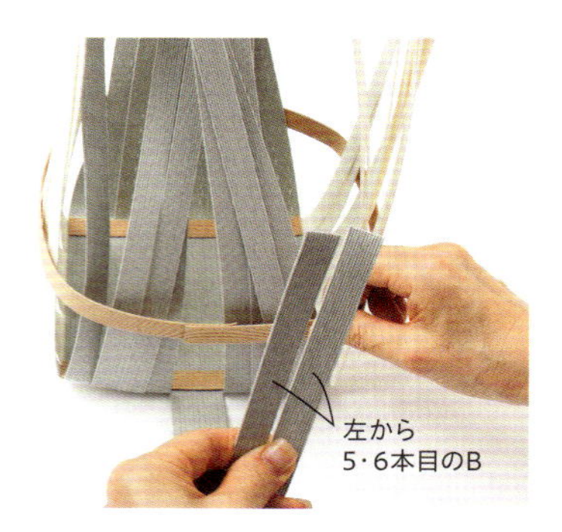

10. Dの輪を側面のひもの外側にかぶせ、p71の7と同じ位置にのりしろを合わせます。左から5・6本目のB2本を引き出し洗濯ばさみで止めます。

11. 側面の縦ひもA・Bを2本おきに外側に引き出して1周します。洗濯ばさみでこまめに止め、角は曲げずに自然に沿わせます。

12. 2段目を編みます。Dの輪を側面の外側にかぶせます。1段目の編み始めで引き出した2本のうち、左の1本を残し、その右隣の2本を引き出し洗濯ばさみで止めます。1段目は左から5・6本目のBを引き出したので、2段目は左から6・7本目のBを引き出します。

13. 続けて2本おきに引き出します。輪が浮いてきやすいので洗濯ばさみでこまめに止めます。※右上の二次元バーコードであじろ編みの動画をご覧いただけます。

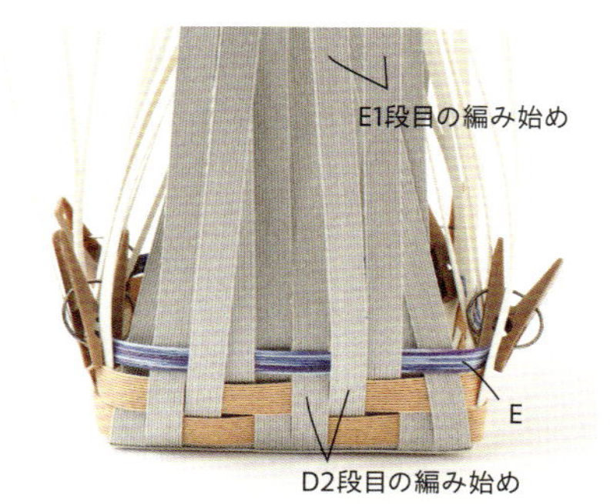

14. 3〜18段目はEで編みます。E1段目も12と同様に、D2段目で引き出した2本のうち、左の1本を残してその右隣の2本を引き出し洗濯ばさみで止めます。

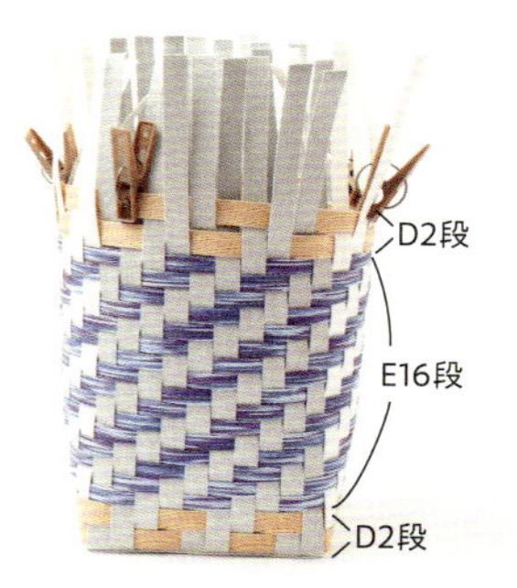

15. 同様にのりしろを右にずらしながら、あじろ編みをEで16段分編み、最後にDで2段編みます。

編み方の動画はこちらからご覧下さい

縁の始末をする

16.最終段のDの中心で縦ひもをカットし、Dにボンドで貼ります。外側・内側を交互に2本ずつ、1周貼ります。

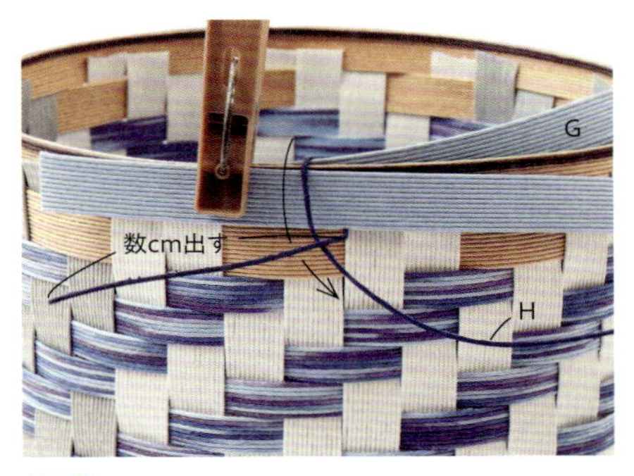

17.最終段のDののりしろの段差にFを合わせ、Dの上端にそろえて一周貼り余分をカットして突き合わせます。

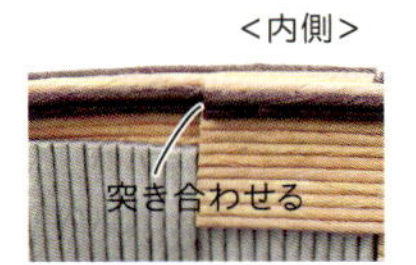

18.内側もDののりしろの段差にもう1本のFの端を合わせて一周貼り、余分をカットし突き合わせます。

縁飾りをする

19.内側と外側の縁に、Gをずらして当てて洗濯ばさみで止めます。Gの端が縦ひもと重ならないように、縦ひも2本分ずらして当てます。

20.Hを最終段の下の、縦ひも2本出ている横の間に外側から内側に通し、外側にHの端を数cm出します。反対側の端を内側から外側へ出し、Hにかけます。

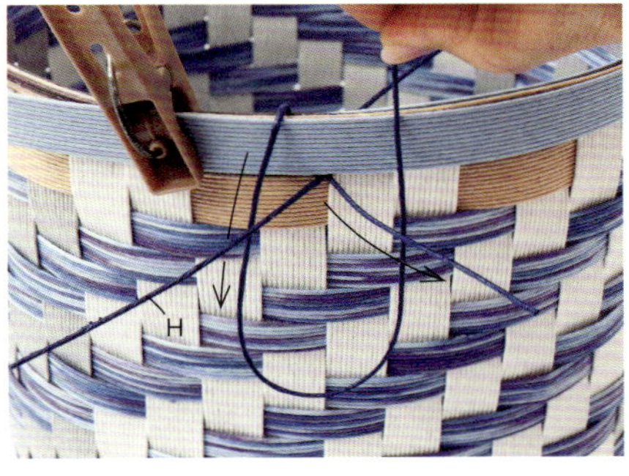

21.続けて同じ所に内側から外側へ通して、できた輪に通して右側へ引きます。

22.縦ひも2本飛ばした最終段の下にHを外側から内側へ通し、外側にできた輪に通します。※右上の二次元バーコードで縁飾りの動画をご覧いただけます。

23.22と同じ所に、内側から外側へ通し、Hの輪の中を通して右側へ引きます。間をスパチュラで広げながら編むと通しやすいです。

24.22・23をくり返して1周編みます。Gをくくりつけるように Hは引っ張り気味にします。

No.19・20 あじろ編みのダストボックス

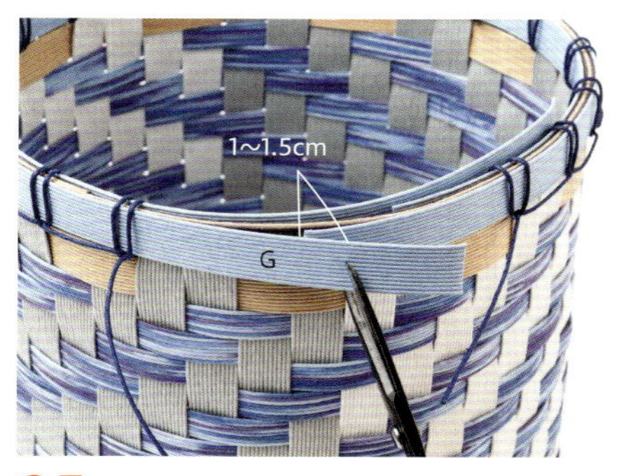

25.終わりまで来たら、Gをのりしろ1~1.5cm残して余分をカットし、 G同士を貼り合わせます。内側も同様にします。

26.編み終わりのHの端を、編み始めに通した所に差し込みます。

27.内側のGの中央の位置で、編み終わりのHをカットします。

28.編み始めのHを、内側のGの下端でカットします。

29.内側でHのひも同士を貼り合わせます。

30.No.19ができました。

底を作る (No.20)

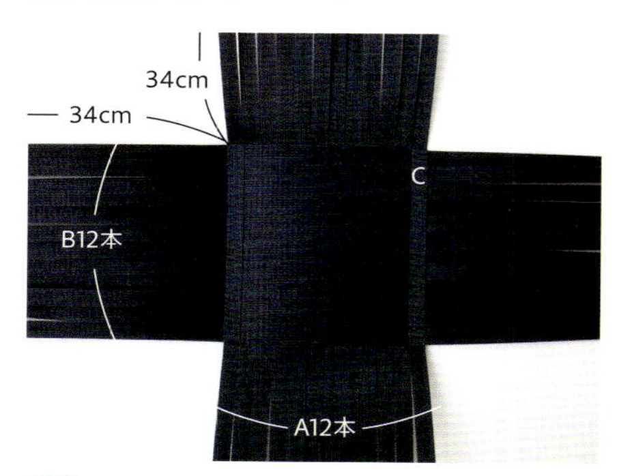

31.p71の1~5を参照し、底を作ります。但しA・Bそれぞれ端から34cmの所に印をつけて十字に貼り、A・Bそれぞれ12本を並べて貼ります。

側面を作る (No.20 あじろ編みをする)

32.p71の6と同様に側面を立ち上げます。左から4・5・6本目のBの内側にDを洗濯ばさみで止めて、3本ずつ、縦ひもの外側と内側を交互に通します。

33.1周できたらp71の8・9を参照し、Dで6本、Eで18本の輪を作ります。

34. p72の10から14と同様にあじろ編みをします。2段目は左の1本を残して隣の3本を引き出して、洗濯ばさみで止めて編み始めます。

縁の始末をする

35. Dで3段、Eで18段、Dで3段編んだら、p73の16～18を参照して、縁の始末をします。

縁飾りをする

36. p73の19～p74の29を参照して縁飾りをしたら、No.20の完成です。

基本のおさらい

これだけは覚えよう！ 上手に作る4つのコツ

1 ボンドは均一にのばす

2 洗濯ばさみをたくさん使う

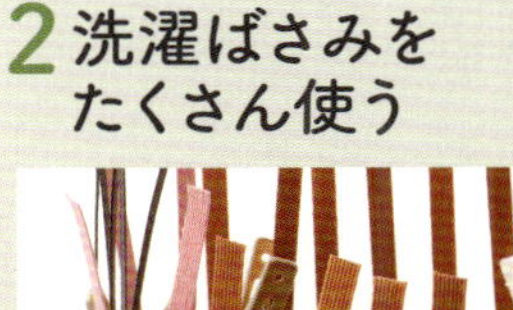

3 縦ひもは常にまっすぐに！

縦ひもが左右や内側に倒れないように、常にまっすぐにしましょう。

4 輪編みの角は編んでから折り目をつける

角は編みながら折るのではなく、編んだ後で折り目をつけます。
編む最中は、角を軽く曲げておきます。

No.21・22 あじろ編みのバッグ 作品写真／48・49ページ

・サイズ 底26×13cm、深さ21cm
・材料 12本幅紙バンド
No.21 紫紺3,324cm あい1,148cm
No.22 深緑4,390cm （植田産業㈱パピエス）

用意する幅と本数（一個分。No.21は指定以外 紫紺を使用）

	幅	長さ・本数	用途
A	12本幅	73cmを18本	底で縦に貼り、側面に続くひも
B	12本幅	85cmを9本	底で横に貼り、側面に続くひも
C	12本幅	13cmを2本	底に貼ったひもを押さえるひも
D	12本幅	82cmを14本	側面の編みひも（あい・No.21のみ）
E	12本幅	82cmを4本	側面の編みひも（No.22のみ）
F	8本幅	82cmを6本	側面の編みひも（No.22のみ）
G	6本幅	82cmを6本	側面の編みひも（No.22のみ）
H	4本幅	82cmを6本	側面の編みひも（No.22のみ）
I	12本幅	83cmを3本	縁を始末するひも
J	1本幅	200cmを1本	縁飾りのひも
K	12本幅	95cmを2本	持ち手のひも
L	12本幅	65cmを2本	持ち手のひも
M	2本幅	650cmを2本	持ち手を巻くひも

※幅1.5cmの角カン4個を用意する。

裁ち方

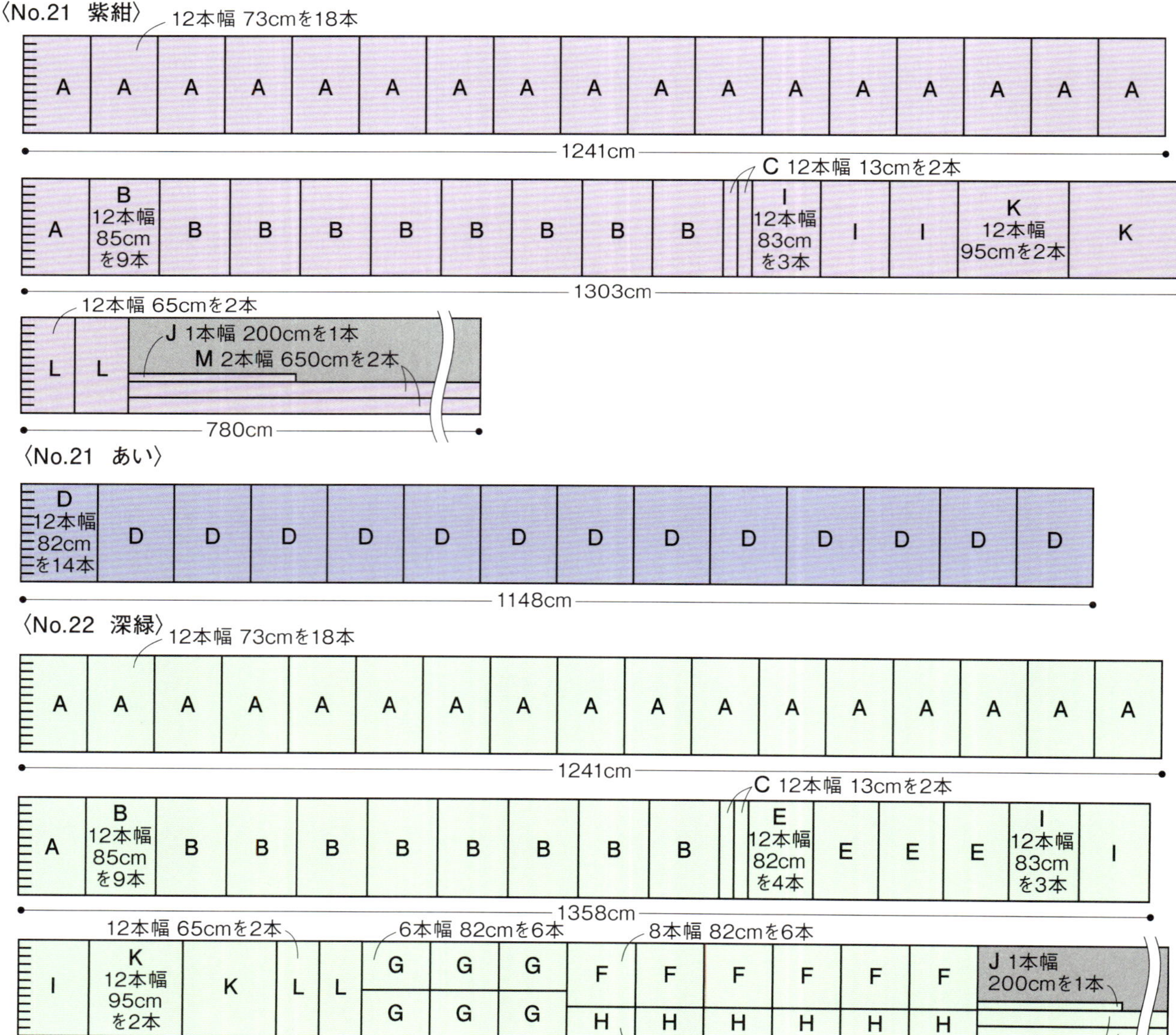

編み方の動画はこちらからご覧下さい

底を作る（共通）

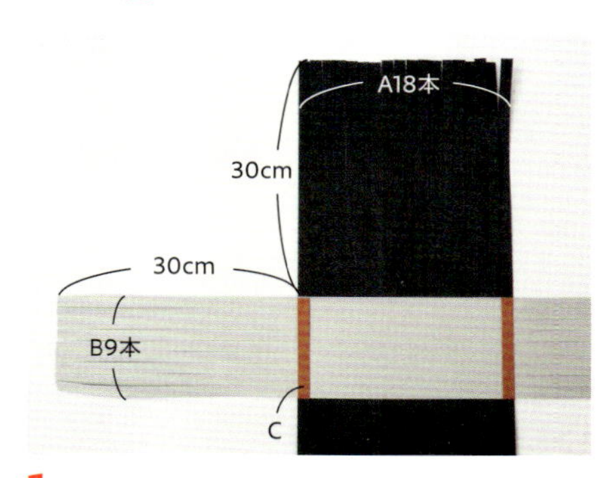

1.p71の1～6を参照し、AとBで底を作ります。端から30cmの所に印をつけて、Bの上にCを貼り、側面を垂直に立ち上げます。

側面を作る（No.21あじろ編みをする）

2.p71の7～9を参照し、Dで試し編みをします。Bの左から1・2・3本目の内側にDを洗濯ばさみで止め、3本ずつ交互に通します。

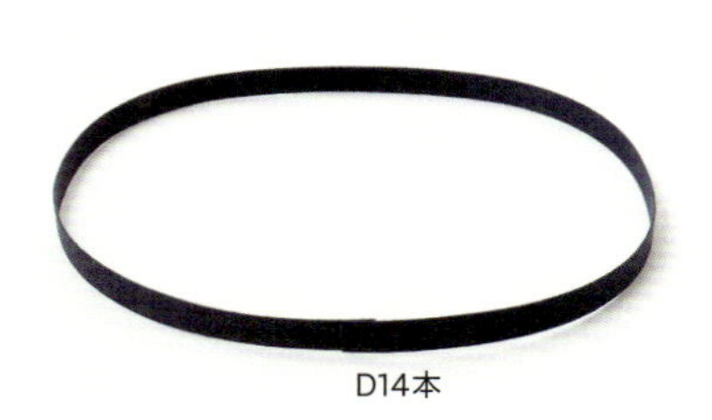

3.No.21はD14本で輪を作ります。

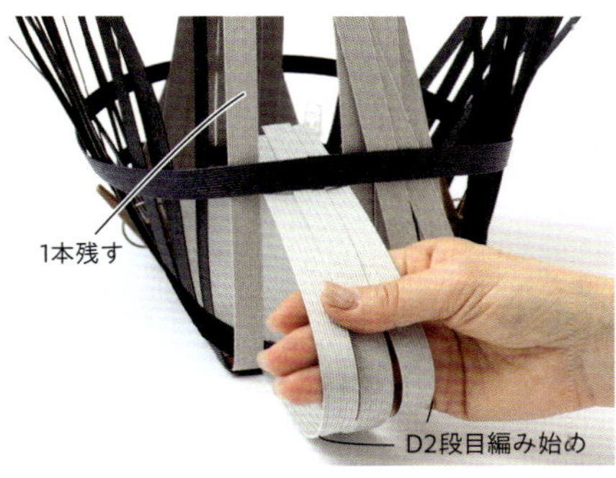

4.2と同じ位置にのりしろを合わせて、p72の10～13を参照し3本ずつ引き出します。2段目は、1段目の編み始めで引き出した3本のうち、左の1本を残して、右隣の3本を引き出します。のりしろを右にずらしながら、続けてあじろ編みをします。※右上の二次元バーコードであじろ編みの動画をご覧いただけます。

5.Dで14段編みました。側面の表裏で模様の出方が変わります。例えば左下に注目すると、片面は横ひもが上、片面は縦ひもが上になっています。

側面を作る（No.22あじろ編みをする）

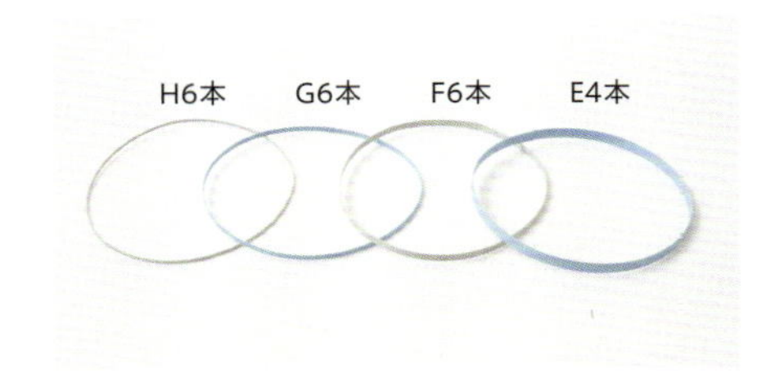

6.No.22は、2を参照してEで試し編みをして、E4本、F・G・H各6本で輪を作ります。

No.21・22 あじろ編みのバッグ

7.p77の4と同様に、E4段・F・G・Hで各6段ずつあじろ編みをします。

8.No.21と同様に、模様の出方が表裏で変わります。

上に行くほど紙バンドの幅を狭くすることで、波あじろの模様になります。

縁の始末をする（共通）

9.Iをあじろ編みの模様の続きになるように1本ずらして、縦ひもの内側に洗濯ばさみで止め、縦ひもを3本ずつ交互に引き出します。

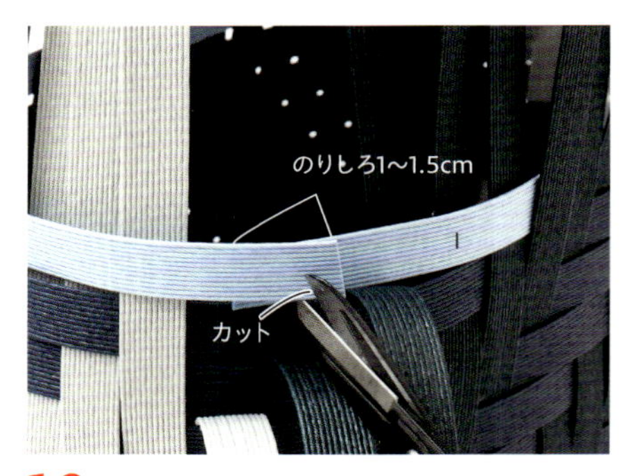

10.1周編んだらIをのりしろ1~1.5cm残して余分をカットし、 I同士を貼り合わせます。

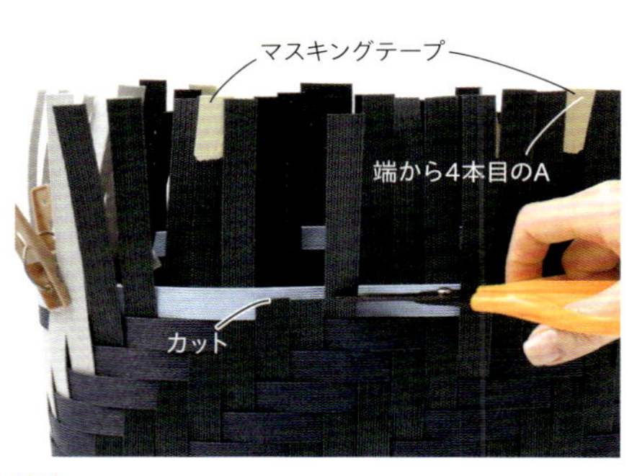

11.両端から4本目のAにテープなどで印をつけ、それ以外の縦ひもをIの中央でカットし、ボンドをつけて外側・内側を交互に3本ずつ、Iに貼ります。

12.持ち手部分の編み目が表裏で違いますが問題ありません。

持ち手を作る（共通）

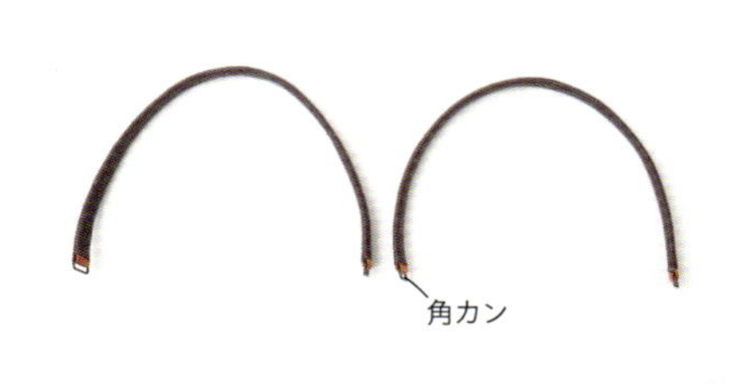

13.p25の24~p26の31を参照し、KとLで持ち手を作ります。ただし中央の飾りひもは無しで、Mを巻きます。（※p25・24のHがK、IがLと同じです。）

14.残したAに持ち手を通し、Aが折れる方向（Iをくるむ方向）へ折り、編み地の模様に合わせて通します。

15.片面はIの外側に、反対側は内側に通して、縦ひもの先が隠れる位置でカットします。

縁飾りをする（共通）

16. 持ち手を通したAをIに固定できるよう、A全体にしっかりとボンドをつけて、横ひもに通します。

17. 縁の内側と外側に、残りのIをずらして当てて洗濯ばさみで止めます。Iの端が縦ひもと重ならないように、縦ひも3本分ずらします。

18. Jを、Iの下の縦ひも3本出ている横の間に外側から内側へ通し、外側にJの端を10cm位出します。内側にある長い方の端を、外側でJにかけます。

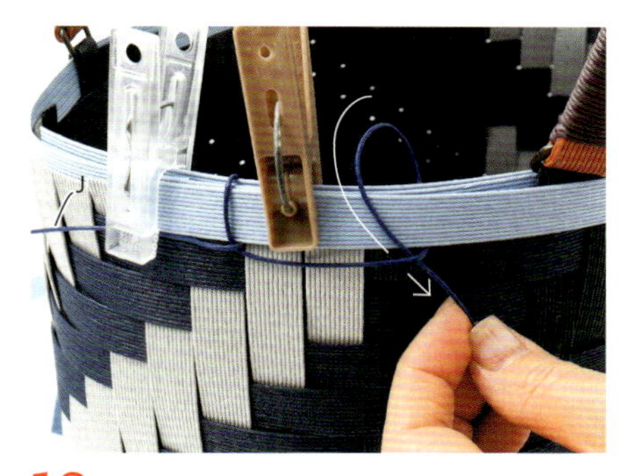

19. Jを縦ひも3本飛ばしたIの下の間に外側から内側へ通し、外側のJに通します。すき間をスパチュラで広げると通しやすいです。

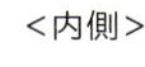

20. 18・19をくり返して1周編み、端まで来たらIをのりしろ1~1.5cm残して余分をカットしてI同士を貼り合わせます。内側も同様にします。

21. 編み終わりのJを編み始めに通した所に差し込みます。※右上の二次元バーコードで縁飾りの動画をご覧いただけます。

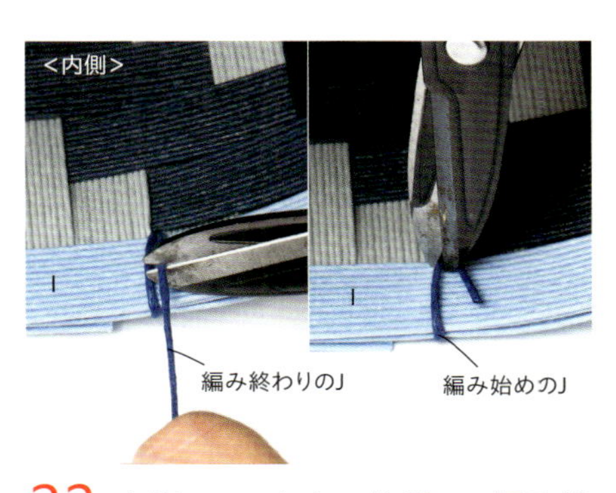

22. 内側のIの中央の位置で、編み終わりのJをカットし、内側のIの下端で編み始めのJをカットします。

<内側>

23. 内側でJのひも同士を貼り合わせます。

24. 完成です。

profile

一般社団法人 日本紙バンドクラフト協会 代表理事
村上秀美

紙バンドの魅力に夢中になり、2007年に普通の主婦から紙バンド教室を始める。作りやすく、きれいにできる独自の編み方で「初心者さんでも完成度の高い作品ができる」と評判になり、レッスン受講者はのべ1万人を超える（2023年現在）。シンプルでかわいい作風も人気がある。2014年、紙バンドを基礎から学べるスクール トリリアムメソッド®アカデミーを開講し、全国に認定講師を50名以上輩出している。著書に「基本の編み方で作る はじめての紙バンド」（日本ヴォーグ社刊）がある。

ホームページ　https://kamiband.or.jp/

制作協力（五十音順）／會田幸子、足立仁美、石川奈美子、伊東花織、大澤志保、加藤さゆり、竹内宏美、林真衣、平田香奈子、松嶋朝子、村田美子

コツがわかると上手に編める
かんたん紙バンド

発行日／2024年9月1日
著者／一般社団法人 日本紙バンドクラフト協会　村上秀美
発行人／瀬戸信昭
編集人／佐伯瑞代
発行所／株式会社日本ヴォーグ社
〒164-8705／東京都中野区弥生町5-6-11
TEl.03-3383-0635（編集）
出版受注センター／TEl.03-3383-0650　Fax.03-3383-0680
印刷／株式会社シナノ
Printed in Japan　©Hidemi Murakami 2024
ISBN978-4-529-06401-9

Staff
ブックデザイン／寺山文恵
撮影／白井由香里（口絵）・本間伸彦（プロセス）
スタイリング／西森萌
裁ち方図／竹内宏美
トレース／小池百合穂
校閲／竹内宏美・山田亜希子
編集／中塚早希子

素材協力
植田産業株式会社　〒417-0002 静岡県富士市依田橋 174-1
TEL：0545-33-3210　https://www.kamiband.co.jp
Papies Shop（ネットショップ）　http://www.papies.jp/
蛙屋株式会社　〒417-0001 静岡県富士市今泉 450
TEL:0545-38-9198　https://kaeruya-band.net/

あなたに感謝しております We are grateful.

手づくりの大好きなあなたが、
この本をお選びくださいましてありがとうございます。
内容はいかがでしたでしょうか？
本書が少しでもお役に立てば、こんなにうれしいことはありません。
日本ヴォーグ社では、手づくりを愛する方とのおつき合いを大切にし、
ご要望におこたえする商品、サービスの実現を常に目標としています。
小社及び出版物について、何かお気付きの点やご意見がございましたら、
何なりとお申し出ください。
そういうあなたに、私共は常に感謝しております。

株式会社日本ヴォーグ社社長　瀬戸信昭
FAX.03-3383-0602